AF311875

COSTUME
DES GRECS ET DES ROMAINS.

PREMIERE PARTIE.
USAGES MILITAIRES.
DIXIEME CAHIER. *PLANCHE I.*

LES Grecs & les Romains étoient des peuples très-belliqueux. Parmi les guerriers que la Grece fournissoit, les Spartiates & les Athéniens se distinguerent le plus dans la science militaire. Les premiers avoient des soldats de deux sortes ; les Spartiates qui habitoient dans Sparte même, & les Lacédémoniens qui habitoient à la Campagne : ils portoient les armes depuis 30 ans jusqu'à 60. A Athenes les jeunes gens étoient envoyés à la guerre dès l'age de 18 ans, & servoient de même jusqu'à 60. En général les Grecs s'instruisirent de bonne heure dans la science des armes, & ils avoient presque conquis tout l'Empire des Perses, quand les Romains, plus de 400 ans après leur fondation, n'ayant affaire qu'avec leurs voisins, aussi peu habiles qu'eux, n'étoient que bien foiblement versés dans les principes de la guerre, & ne faisoient consister l'adresse, la force, tout le savoir de l'art militaire, & toute la vertu du guerrier, que dans une valeur féroce & obstinée qui ne connoissoit ni regle de Tactique, ni méthode de police, ni discipline des armes. Ce n'est que depuis les guerres considérables qu'ils eurent à essuyer contre Pyrrhus & contre Annibal, qu'ils apprirent du premier l'ordre du campement, la maniere de se servir de la Cavalerie, de l'autre les ruses & la véritable science de la guerre. Mais s'ils tarderent plus long-tems que les Grecs à savoir former & conduire des armées, ils ne furent pas moins habiles qu'eux à en retirer de rapides succès, & à étendre leurs conquêtes : car au rapport de Polybe,

K

peuple Romain fubjugua prefque toutes les Nations de la terre en moins de 53 ans. Ainfi, compenfation faite , on peut dire que les Grecs furent grands guerriers long-tems avant les Romains ; mais que les Romains furent auffi grands guerriers que les Grecs , & qu'ils furent conftamment tels jufqu'à la deftruction de leur Empire.

L'armure de ces deux Peuples étoit la même à peu de chofe près : elle fe réduifoit à la cuiraffe, au cafque , au bouclier, à l'épée & à la lance. Les cuiraffes , ainfi nommées parce qu'on les faifoient ordinairement de cuir , étoient les principales armes défenfives dont ils fe fervoient pour fe garantir des bleffures dans les combats (*). Elles étoient compofées d'un corfelet *a*, d'un hauffe-col qui les bordoit par le haut *b*, d'un tonnelet *c*, de lambrequins *d* qui les terminoient par le bas, & d'épaulieres *e* où s'agraffoit la clamyde *f* (**). On portoit les cuiraffes fur une tunique courte qui s'enfermoit dans les caleçons. Les Grecs enrichiffoient cette armure de broderies , d'ornemens, d'animaux, de figures , fouvent même de traits d'hiftoire relevés en boffe *g*, comme l'indique la cuiraffe dont Pyrrhus eft revêtu,& comme nous l'expoferons encore plus fenfiblement dans la Planche fuivante. Leurs tonnelets étoient d'étoffes riches; leurs lambrequins, leur hauffe-col & les lames de leurs épaulieres, où pendoit le porte-épée, étoient d'acier, & quelquefois damafquinés. Les Romains portoient des cuiraffes plus fimples; celle de Jules Cefar l'annonce *h*. Ils fe contentoient ordinairement d'y marquer les principaux mufcles du corps, & de la ceindre d'une ceinture *i* ; leurs tonnelets n'étoient que d'une ferge foyeufe , & leurs lambrequins de cuir étoient fimplement bouclés par le bas *k* : fouvent les Officiers même n'avoient qu'un corcelet fans lambrequins, qu'ils entouroient d'un manteau fans agraffes, ainfi qu'on le voit dans la figure de Coriolan *l* que l'Antique nous a tranfmife. Les Soldats Romains avoient

---

(*) Quoique les cuiraffes fuffent ordinairement de cuir , il y en avoit d'un métal fi dur ; qu'elles étoient abfolument à l'épreuve des coups & des traits lancés même avec les Catapultes. On les fabriquoit plus ordinairement de fer ou d'airain en deux parties qui s'attachoient par les côtés avec des boucles. Alexandre les réforma , & ne laiffa aux cuiraffes que celle des deux parties qui couvroir la poitrine , afin que la crainte d'être bleffé au dos qui étoit fans défenfe , empêchât les Soldats de fuir.

(**) Ajuftement militaire des anciens Romains, qui étoit pour les Patriciens pendant la guerre ce que la toge étoit pendant la paix.

leur corcelet formé de bandes de cuir, qui partant de deſſous les aiſſelles, deſcendoient juſqu'au bas des reins *m, n.*

Planche II.

Dans la cuiraſſe *a* que nous fournit ici cette même Antique, nous trouvons beaucoup de rapports avec celle de Pyrrhus que nous venons de voir, & avec celle qui eſt retracée dans la planche qui ſuit. On croit cependant qu'elle a appartenu à Leonidas, ce vaillant Roi de Lacédémone qui défendit le détroit des Termopyles contre l'armée de Xerxes, où le héros Lacédémonien périt avec les 300 hommes qu'il commandoit. La richeſſe de cet ajuſtement militaire ne laiſſe aucun lieu de douter qu'il ne ſoit Grec, ainſi que l'indique ſon arme briſée *b.*

Planche III.

Cette armure *a* qu'on croit être la merveilleuſe cuiraſſe de Diomede dont parle Homere, préſente, outre les ornemens du corſelet enrichi avec goût, de doubles lambrequins damaſquinés *b*, & un galon au tonnelet *c* qui ne ſont pas aux autres armures. La petite cuiraſſe *d* qu'on voit à côté, & qu'on penſe avoir ſervi au jeune Annibal (les griffons au-deſſus de l'aigle *e* en juſtifient la conjecture), lorſqu'à l'âge de 26 ans il commandoit les armées des Carthaginois, indique non-ſeulement la maniere dont les Anciens agraffoient leur clamide ſur la partie de l'épauliere qui ſe joint avec le hauſſe-col, mais encore comment ils la relevoient par derriere & la fixoient à leur ceinture, où quelquefois ils ſuſpendoient auſſi leur bouclier *f.* On a placé ici ſéparément le caſque à triple aigrette dont nous avons vu dans la planche précédente que Pyrrhus étoit coëffé *g.* Les Hiſtoriens rapportent qu'il n'étoit que d'acier poli ; mais que la viſiere, les animaux & tous les ornemens étoient d'or. On y a joint le caſque de Turnus *h* à triple aigrette dont parle Virgile, & la Chimere *i k*, vomiſſant des flammes (*) qui ſurmontoit cette coëffure.

(*) La Chimere étoit un monſtre qui avoit la tête & l'eſtomac d'un lion, le ventre d'une chevre, & la queue d'un dragon. Les poëtes diſent qu'il fut vaincu par Bellerophon.

Planche IV.

Les cuiraſſes *a, b* étoient de deux pieces concaves , dont l'une couvroit le ventre & l'eſtomac , l'autre le dos & les épaules (nous venons de l'indiquer). Ces deux pieces qui tenoient par des charnieres étoient attachées du côté gauche avec des boucles , des agraffes , ou des eſpeces de fermoirs *c* , & on les contenoit par une double ceinture d'acier *d.* Il y avoit pluſieurs fortes de cuiraſſes à l'uſage des militaires. Les plus riches ſervoient à leur parure dans les cérémonies de faſte : pour les exercices de la guerre , ſur-tout les jours de combat , ils n'endoſſoient que les plus ſouples & les plus propres aux divers mouvemens du corps. Parmi celles-ci les unes étoient de lin ou de laine à pluſieurs doublures ; les autres étoient de toile , ſur laquelle on appliquoit des lames de métal en forme de toiles *e* , ou de petits anneaux de fer paſſés l'un dans l'autre qui formoient un tiſſu de chaînettes entrelaſſées. Il y en avoit qui étoient faites de légeres bandes de cuivre ou de lames de fer *f.* Mais la plupart des Grecs & des Romains en avoient de cuir de bêtes , apprêté d'une maniere ſi moëlleuſe & ſi ſouple , que les principales parties du corps paroiſſoient au travers. Quinte-Curſe nous apprend que la plus grande partie des ſoldats Lacédémoniens ne portoient à la guerre que des caſaques rouges , pour ne point s'appercevoir du ſang qui couloit de leurs bleſſures.

Planche V.

Les armures des Généraux Grecs au Siege de Troye , notamment celle d'Agamemnon leur chef (*) , étoient magnifiques *a.* Leurs cuiraſſes brodées en or , embellies de divers ornemens , ceintes d'un baudrier d'où pendoit un riche cimeterre , étoient accompagnées de cla-

---

(*) Cette figure eſt extraite d'après le *ſacrifice d'Iphigénie* , peint par Carle-Vanloo pour le Roi de Pruſſe. On y a aſſocié un trépied *e* , un glaive groupé avec le ſceptre *f* du Roi d'Argos , le bouclier , la lance de ce Souverain *g*, pour préſenter ſous un même coup d'œil ſa dignité , ſon état , ſa patrie , & les motifs de ſon déſeſpoir.

mydes de pourpre d'un grand prix. Leurs cafques dorés, furmontés d'aigrettes, de panaches volumineux à plumes de différentes couleurs qui flottoient au gré des vents *b*, offroient des vifieres, la plupart enrichies de feuilles de laurier en or : celle du cafque d'Agamemnon l'étoit d'une couronne radiale ; leur ceinture, leurs lambrequins décorés de broderies, de boucles & de franges badinoient fur un tornelet d'étoffe précieufe ; des caleçons de foie leur defcendoient fous les genoux *c*, différens en cela de ceux des Romains nommés *campeftres*, qui étoient fi courts qu'ils reftoient à mi-cuiffe (*). De riches cothurnes terminés au bas du molet par des ornemens dorés & fixés par des rubans ou des courroies argentées qui fe croifoient autour de la jambe & fur le pied *d*, complettoient par une chauffure élégante l'ajuftement militaire de ces Princes Grecs.

Planche VI.

Voici quelques détails de l'armure des foldats Romains. Outre le corcelet fait de courroies ou lanieres de cuir *a* que portoit fpécialement la légion fulminante (**) dont les Soldats étoient aifément reconnus au

---

(*) Dans la plupart des figures antiques, telles que le Céfar, l'Augufte, le Marc-Aurele dépofés au Capitole, le Trajan à l'arc de Conftantin, le Coriolan, &c. on ne voit point ces héros porter le *campeftre* qui leur fervoit de chauffes, fur-tout lorfqu'ils faifoient quelque exercice, qu'ils alloient à la chaffe, ou qu'ils montoient à cheval ; ce n'eft pas qu'ils en fuffent dépourvus, c'eft qu'elles s'arrêtoient fi haut, qu'elles étoient cachées par le tonnelet qui ne tomboit pourtant que bien au-deffus du genou. On fait qu'ils portoient cette partie de leur vêtement militaire lorfqu'ils étoient en habit militaire. On peut fe perfuader de cette vérité, en examinant dans des vues relatives la figure d'Annibal placée autour d'un des baffins des Thuilleries : les Romains étoient à cet égard vêtus comme les Carthaginois ; Sebaftien Slodtz qui l'a fculptée, a rendu cette particularité avec autant de foin que bien d'autres recherches du Coftume des Anciens qui font beaucoup d'honneur à fon érudition. Plufieurs Grecs avoient en cela prévenu les Romains, d'autres les ont imités ; mais en général les Princes de la Grece avoient fur cette ufage une pratique différente ; du moins c'eft ce qu'ont penfé les Artiftes les plus renommés dans la fcience du Coftume, quand ils nous ont retracé ces Souverains avec des culottes qui leur couvroient les genoux.

(**) La légion fulminante fut ainfi nommée du fecours que les Chrétiens qui en faifoient partie obtinrent du ciel en faveur de l'armée de Marc-Aurele. Leurs prieres, non-feulement lui procurerent une pluie abondante dont elle avoit un extrême befoin, mais encore attirerent les foudres & les tonnerres fur l'armée des ennemis, ce qui délivra l'empereur d'une fituation très-facheufe. Depuis cet événement miraculeux, il ordonna que les foldats Chrétiens

Lo lier *b*, l'infanterie Romaine faifoit ufage du fagum (*). Ce vêtement, emprunté des Gaulois qui avoient long-tems inquiété Rome , mais dont Jules Céfar la délivra , étoit une efpece de tunique militaire fans manches *c*. Ceux qui le portoient avoient un mouchoir pour hauffe-col *d* : accoutrement caractériftique qui diftingue le Soldat Romain du Soldat Grec ; mais qui n'étoit particulier qu'au Soldat, les Officiers portant d'ordinaire des cuiraffes. Nous expofons ici quelques épaulieres *e*, *e*, mufles d'animaux *f* où s'attachoient le porte-épée *g* & quelques lambrequins *h*, *h*, communs aux Grecs & aux Romains. On y a joint une tête de dragon *i* qui paroit être d'acier poli : le hafard la fit déterrer à un payfan au bord du Rhône non loin de la ville d'Orange. On préfume que c'eft le bout d'un fabre de quelque Officier Cimbre ou Theuton.

PLANCHE VII.

LES trois feuilles fuivantes retracent divers accoutremens des Romains. *a* Vélite , ou foldat armé à la légere, vêtu d'un fimple corcelet, & tenant fon bouclier nommé *clipeus* : le nom de Vélite étoit donné à tous les Soldats qui pouvoient de loin offenfer l'ennemi. *b* Jaculateur : on appelloit ainfi ceux qui combattoient avec la lance ou le javelot ; on les nommoit auffi *Haftats*. *c* Porte-enfeigne ajufté avec une dépouille de lion qui lui fervoit de coëffure & de manteau *c* ; c'étoit l'ajuftement de tous les Porte - enfeignes , & celui qui a le moins varié : ces Militaires n'avoient que des demi-cuiraffes. *d* Jetteur de pierres , tenant fa fronde prête à lancer, & vêtu d'une feule tunique fans manches. *e* Fron-

---

fuffent incorporés à la légion fulminante qui exiftoit dépuis Trajan , & qu'ils portaffent, comme elle , fur leurs boucliers , l'image de la foudre. Les Romains diftinguoient ainfi les légions par des épithetes que leurs belles actions leur méritoient ; les unes s'appelloient la victorieufe, l'intrépide , &c. d'autres étoient défignées par des qualités qui leur étoient propres ; comme la pillarde, la dangereufe , &c. Enfin il y en avoit qu'on caractérifoit par les Provinces où elles fervoient : telles étoient la Macédonienne, la Parthique, la Gauloife.

(*) Quelques Antiquaires eftiment que l'on nommoit ainfi un petit manteau quarré qui s'attachoit fur la poitrine ou fur une épaule , & que l'on tournoit du côté de la pluie & du vent. Il étoit ordinairement de peau , & fe portoit le poil en dedans. Quelques autres confondent mal à propos cet habillement avec la clamyde qui étoit un manteau ample & long, qui par derriere defcendoit jufqu'au bas du mollet , & qui tenoit plus de la toge que du fagum. Voyez ci-devant la feconde note de la Planche premiere.

deur, avec une demi-bottine, comme le précédent, le casque, la fronde & le bouclier nommé *pelta*.

PLANCHE VIII.

a AVANT-COUREUR des troupes légeres portant à son Capitaine la tête d'un ennemi pour demander sa récompense (*). *b* Frondeur, ramassant des pierres dans son manteau. *c* Porte-aigle Romaine, nommé Aquifer ; cet Officier de confiance étoit dépositaire de l'argent des Soldats. *d* Archer, vêtu d'une côte de maille, combattant avec son arc & ses flêches. *e* Chef de légion, armé d'un bouclier léger, car les Légionnaires en avoient quelquefois qui les couvroient entierement (**), & tenant en main un casque enlevé à quelque redoutable Gaulois. *f* Soudart qui porte au bout de sa haste ses hardes & ses vivres.

PLANCHE IX.

a SOLDATS avec le bouclier en forme de thuile à canal & un garde-cœur, sorte de plastron d'airain qui garantissoit l'estomac. *b* Signifer, portant au bout d'une demi-pique plusieurs fercules surmontées de la main de concorde ; cette enseigne étoit commune aux Grecs & à plusieurs autres peuples. *c* Vélite, qui, de compagnie avec le Porte-étendart, traverse une riviere, ayant ses hardes dans son pavois ou bouclier. *d* Légionnaire en cotte de mailles, telle qu'on la portoit sous le bas-Empire, tenant sa hallebarde d'une main & son clipeus de l'autre. *e* Buccinateur, ou Trompette coëffé de la dépouille d'une tête de

---

(*) Pour chaque tête coupée, l'Officier faisoit distribuer au soldat qui la lui présentoit une double solde, *à raison de douze oboles par jour, valant environ 12 ou 15 sols de notre monnoie ;* quand celui-ci prouvoit qu'il l'avoit coupée à son corps défendant. Au défaut de cette preuve on le soupçonnoit d'avoir décapité quelque cadavre, & son acte de valeur lui étoit infructueux. S'il arrivoit que la fraude fût avérée, l'imposteur étoit livré aux verges du Licteur, & banni de la légion.

(**) Tite-Live & Plutarque font mention en plusieurs endroits de ces boucliers des Legionaires pesamment armés. Ils étoient, disent-ils, de quatre pieds & demi de haut sur deux & demi de large, ayant la forme d'une tuile à canal convexe par dehors & concave en dedans.

lion. *f* Archer du nombre des chevaux légers , ayant fur le dos une trouffe pleine de flêches, & en main fon arc & fon dard : il a été extrait, dit-on , d'après les débris d'une mofaïque ancienne trouvée près de Tivoli.

PLANCHE X.

a LES Licteurs étoient des gardes qui marchoient devant les grands Magiftrats pour faire ranger le peuple. Ils portoient des haches enveloppées dans des faifceaux de baguettes , différemment caractérifés felon la dignité de l'Officier qu'ils précédoient. Leur vêtement étoit à peu près le même que celui des Soldats ; ils avoient le corcelet comme eux *b*; ils portoient quelquefois la lacerne , forte de courte clamyde (*). Quelquefois cependant ils étoient très-pauvrement ajuftés , ayant la moitié du corps & les bras nuds *c*, fur-tout lorfqu'ils avoient quelque expédition à faire ; car ils fervoient fouvent de bourreaux, toujours prêts à délier leurs faifceaux pour frapper de verges ou décapiter les coupables. Les Licteurs qui devoient accompagner un triomphateur, montoient à cheval le jour de la cérémonie ; marchoient à fa fuite ajuftés du corcelet , du cafque, de l'épée, du bouclier, & portant devant eux le figne de leur profeffion pofé debout fur le cheval, le fer de la hache penchoit en avant *e*. Les faifceaux qu'on n'accordoit que par honneur aux Flamines de Jupiter & aux Veftales, n'étoient faits que de baguettes *f* ; ceux qui étoient portés devant les Juges ayant droit de vie & de mort fur les coupables , étoient diftingués par le fer de la hache que les baguettes enveloppoient *g*. Les faifceaux des Confuls avoient une pointe d'acier ; ceux des Rois de Rome étoient furmontés d'un fer de hallebarde où étoit un crochet derriere le tranchant *h*. Ceux que le Sénat décernoit aux héros victorieux, étoient entrelaffés de branches de laurier *i* : on les confervoit précieufement dans les familles , comme la diftinction la plus honorable dont la République pût illuftrer un guerrier ; mais il ne lui étoit pas permis de s'en décorer en public.

Nota. On a employé dans l'explication de ces trois planches plufieurs termes empruntés de la caftramétation de l'antiquaire du Choul , d'où font extraits la plupart des détails qu'elles préfentent.

(*) Voy. Pl. VII du feptieme Cahier.

A l'égard des faifceaux ordinaires qui fervoient à punir les coupables, les uns n'étoient que de petits fagots de houffines propres à la fuftigation *k,k* ; les autres, un tas de baguettes qui entouroit la hache pour décapiter.

PLANCHE XI.

LES Soldats pefamment armés, outre les cafques, les cuiraffes, les boucliers, les lances & les épées qu'ils portoient, comme les armés à la légere, avoient des cuiffards, des genouilleres, des bottines de fer & des brodequins. Les cuiffards *a* étoient faits de petites lames d'acier en écailles, ou de bandes de fer très-minces qu'on attachoit fur de la peau ou du coutis, & dont on s'entouroit la cuiffe pour en garantir le devant (*). Les genouilleres *b,b* étoient de fimples plaques de métal, ou des mafques d'animaux *c* qui s'emboîtoient dans les genoux, & qui quelquefois tenoient à la bottine *d*, ou à la demi-bottine *e* : celle-ci étoit une plaque de fer qui ne couvroit que la partie antérieure de la jambe, & qui defcendoit jufqu'au couvre-pied *f* ; autre plaque de fer qui garantiffoit le deffus de cette partie : telle eft la chauffure que le Brun a donnée à Porus dans le tableau repréfentant *la Défaite* de ce Roi des Indes. Toutes ces armures étoient plus ufitées chez les Grecs que chez les Romains ; cependant ces derniers en faifoient quelquefois ufage : nous en avons vu l'exemple ci-devant dans des frondeurs Romains ayant une demi-bottine fur la jambe gauche (**). Les brodequins *g, g*, étoient plus généralement ufités chez les deux Peuples (***). On les

---

(*) Les femmes des Adyrmachides, peuples de la Lybie, portoient des cuiffards de cuivre ; c'eft Hérodote qui nous l'apprend.

(**) Planche VII.

(***) Les brodequins, parmi lefquels on compte le cothurne, étoient la chauffure d'appareil que les Anciens portoient fur le théâtre, comme, à leur imitation, nos acteurs la portent aujourd'hui, fur-tout dans la repréfentation des rôles héroïques. Le brodequin convient à la comédie & à divers fpectacles peu férieux ; mais le cothurne a toujours été fi particulierement affecté à la tragédie, que c'eft de l'ufage qu'on en faifoit anciennement qu'eft venue l'expreffion figurée : *chauffer le cothurne*, pour dire compofer des tragédies ou des vers nobles & pompeux. A l'Opéra on donne des brodequins aux Dieux fubalternes, aux Guerriers ; le Cothurne eft réfervé pour les Divinités du premier ordre, ou pour les Princes, les Rois & pour les Heros fameux. La feule différence qu'il y a entre le brodequin & le cothurne eft que celui-ci eft plus riche que l'autre, & qu'il fervoit mieux à faire paroître l'acteur de taille plus avantageufe.

faifoit pour l'ordinaire de cuir apprêté, enrichi d'ornemens brodés, argentés ou dorés qui couvroient la jambe jufqu'au mollet, & defcendoient jufqu'à l'ajuftement du pied dont ils faifoient partie. La forme en étoit arbitraire : on en jugera par la variété de ceux qui font retracés ici, d'après les meilleurs modeles qui nous ont été fournis.

Planhe XII.

La chauffure des gens de guerre étoit fouvent formée d'une groffe femele où tenoient des lames de fer battu très-mince, femées de petits clous *a*. Ces lames, embraffant le deffus du pied, ne laiffoient que les doigts à découvert, & étoient fixées par des courroies entrelaffées adroitement *b*. On a trouvé de ces chauffures à femeles de bois & de métal hériffées de dents de fer ou de clous à tête quarrée *c*, que portoient auffi certains philofophes, & qui fervoient aux voyageurs à marcher avec sûreté dans les endroits gliffans. C'eft des chauffures à forte femele de cuir, fixées par des courroies ou des rubans, qu'étoient couverts les pieds votifs qu'on croit, qu'après la retraite des dix mille, plufieurs Militaires Grecs fufpendirent aux autels du Dieu Mars : les anneaux qui y font attachés femblent l'indiquer *d*. On préfume, d'après un manufcrit intitulé : *Notes critiques fur diverfes antiquités* (*), que ces pieds, les uns de grandeur naturelle étoient de bronze doré, &

(*) Xenophon obferve, lit-on dans ce manufcrit, qu'au milieu des jeux, des courfes, des luttes que les Grecs firent à Trebifonde en l'honneur de tous les Dieux à qui ils avoient fait des vœux pour le fuccès de leur entreprife, ils n'oublierent point de leur offrir des préfens & d'innombrables facrifices : on fait d'ailleurs, qu'en partant pour l'armée, les Grecs facrifioient à Jupiter & à Minerve, & qu'au retour d'une expédition militaire ils fixoient aux autels de ces Divinités protectrices, des boucliers votifs d'or & d'argent où étoient repréfentés en cifelure les motifs de leur offrandes : témoin ce qu'on apprend d'Efchynes dans fa harangue contre Ctefiphon. Il rapporte qu'après la victoire que les Athéniens remporterent fur les Medes & les Thébains, ils fufpendirent dans le temple de Minerve quantité de boucliers votifs avec cette infcription : *les Athéniens ont pris ces armes fur les Medes & fur les Thébains.* N'étoit-il pas naturel, ajoute l'Auteur du manufcrit, qu'après une retraite auffi hardie, auffi longue, auffi fâcheufe que celle des dix mille, les Grecs, dès l'inftant de leur retour dans leur Patrie, aient remercié les Dieux du fecours inefpéré dont ils leur étoient redevables, & que par des offrandes de toute efpece, relatives à leurs marches forcées, enrichiffant les temples de Minerve, de Mars ou de Jupiter, ils leur aient témoigné leur jufte reconnoiffance ?

contraſtoient avec d'autres plus petits jettés en argent & modelés , ou ſimplement ciſelés ſur des plaques de même *e.* On peut joindre à ces diverſes chauſſures celle *f,* qui , ſuivant le même manuſcrit , fut trouvée à Conſtantinople parmi quantité d'os de géans & d'armes briſées *g* lorſque ſous l'Empereur Anaſtaſe on creuſa les fondations de l'Egliſe de Saint Menas. Cette préſomption eſt en quelque ſorte autoriſée : des Auteurs renommés font mention de l'anecdote. Au reſte , ces pieds qu'il a plu à l'Auteur des notes critiques de regarder comme des vœux offerts par les Grecs au dieu Mars , pourroient bien n'être que la repréſentation de leur chauſſure ordinaire; pluſieurs Atiquaires , & notamment Montfaucon les ont plubliés ſous ce titre. Mais ſous quelque aſpeſt qu'on les enviſage, ils nous ont paru pouvoir être de quelque utilité aux Artiſtes , & former une ſuite aux chauſſures qui ſont expoſées à la Planche X du ſeptieme Cahier; cette raiſon ſeule nous a déterminé à les placer ici.

Fin du dixieme Cahier.

B.
E.
A.
I.
D.
F.
H.
L.
K.
G.
C.
M.
L.
N.

.A.
.B.

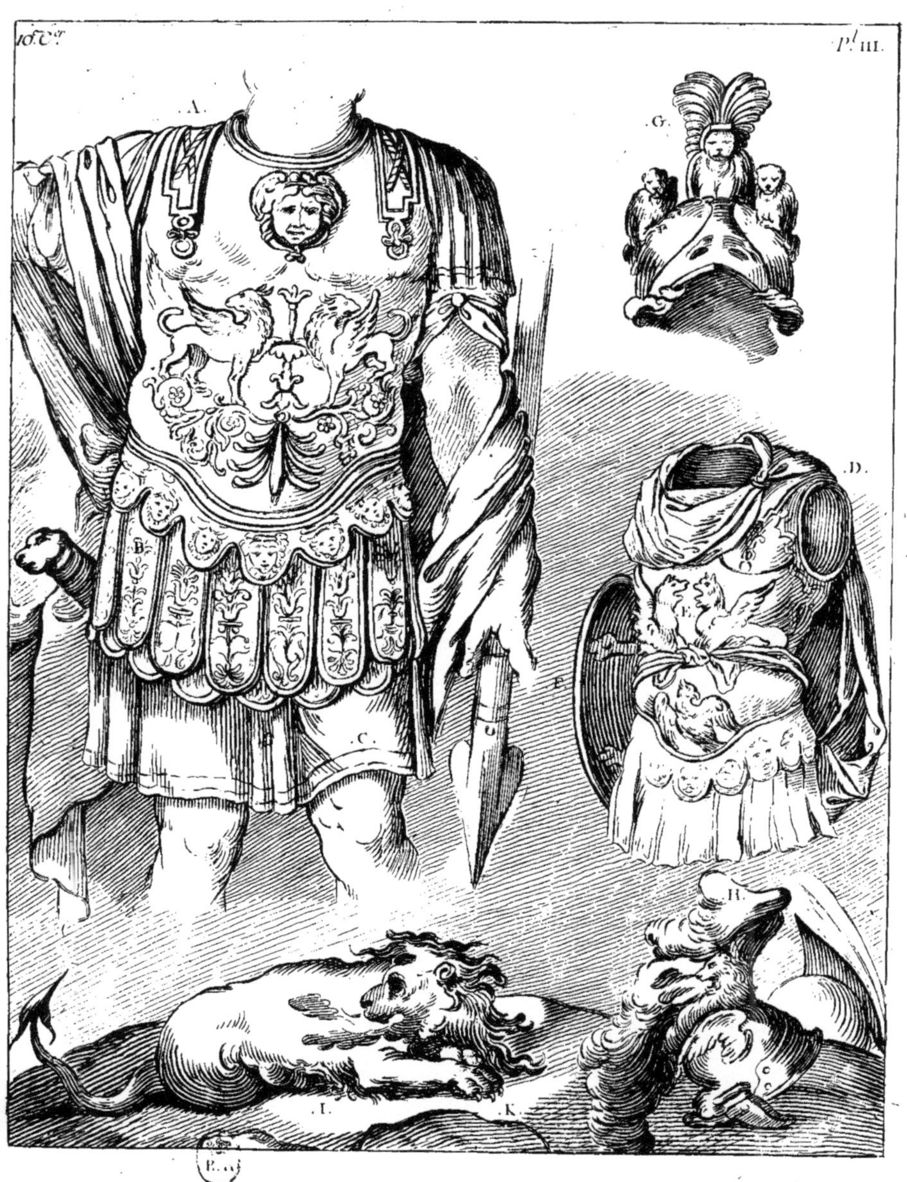

A.
D.
E.
B.
C.
F.

B.
E.
C.
F.
G.
D.

C
.D.
.C.
.B.
P. VI.
.A.
.G.
.E.
.E.
.F.
.H.
.I.
.H.

Pl. VII.
A.
B.
C.
D.
E.

.Cᵉʳ
Pˡ.VIII.
A.
B.
C.
D.
E.
F.

.A.
.B.
.C.
.D.
E.
.F.

S. C.
Pl. X.
H.
F.
A.
E.
G.
F.
B.
K.
I.
K.
C.

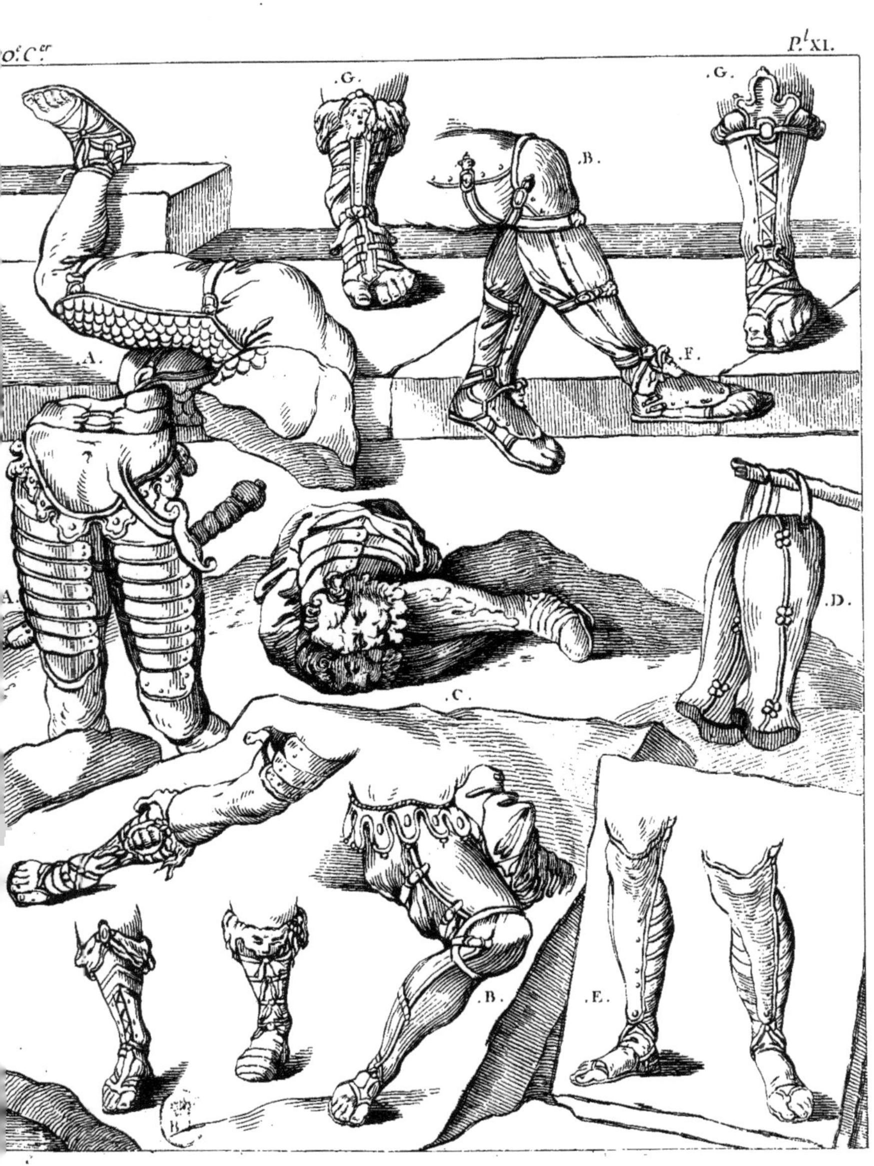
.G.
.B.
.G.
.A.
.F.
.D.
.C.
.B.
.E.

P.l XII.
.B.
.A.
.D.
.D.
.F.
.D.
.A.
.D.
.G.
.C.
.E.

COSTUME

DES GRECS ET DES ROMAINS.

PREMIERE PARTIE.

USAGES MILITAIRES.

ONZIEME CAHIER. *PLANCHE I.*

LES cafques étoient les coëffures militaires des Anciens. Ces armes défenfives, que les Grecs & les Romains faifoient ordinairement de fer ou d'airain, couvroient la tête & le col du guerrier. Il y avoit dans leur forme & dans leurs ornemens plufieurs différences remarquables. 1°. Les cafques Romains *a, a* embraffoient exactement la rondeur du crâne, comme des bonnets, & étoient juftes au front ; ceux des Grecs *b* avoient plus de profondeur dans le derriere, dans le haut de la tête, & plus de faillie par devant. 2°. Les panaches, les crêtes, les aigrettes des cafques Grecs, ces faifceaux de plumes voltigeantes *c* qui prêtoient de la grandeur & de la nobleffe au foldat, étoient, ainfi que les autres acceffoires, couronnes, figures, animaux, plus élégans & plus faftueux que ceux des Romains, quoique ces Peuples portaffent d'affez riches aigrettes *d.* 3°. Les Romains avoient coutume d'ajouter à leurs cafques des oreillettes *e, e* dont les Grecs ne fe fervoient prefque pas. 4°. Enfin les Grecs avoient aux leurs une vifiere *f, f* qu'ils relevoient ou rabattoient à volonté fur la face, & dont les Romains ne faifoient nullement ufage. Ces différences exactement obfervées, fuffiroient pour caractérifer les deux peuples. Il eft d'autant plus important aux Artiftes d'y faire de férieufes attentions, que chacun fent qu'un cafque à la Romaine fur la tête d'Alexandre feroit auffi ridicule qu'un cafque à la Grecque fur la tête de Céfar, & que ces coëffures rendroient ces héros méconnoiffables.

L

PLANCHE II.

PAR l'habitude où étoient anciennement les militaires d'emprunter les usages de leurs ennemis, comme nos troupes les empruntent encore aujourd'hui, il s'est formé une combinaison de divers casques bizarres, tels que ceux dont nous exposons ici les traits, qui tiennent & de la simplicité des Romains, & de l'élégance des Grecs, & de la singularité des Barbares. La visiere *a* des premiers s'y trouve quelquefois alliée aux oreillettes *b* des seconds, & les ornemens propres à tous les deux aux especes de panaches *c* appartenans aux troisiemes. Si d'une part ce mêlange contribue à la richesse des coëffures, d'une autre part, il empêche de juger à quel Peuple tels & tels casques ont servi. Nous pensons à ce sujet, qu'ainsi que dans plusieurs bas-reliefs antiques, & notamment dans l'arc de Septime Sévere, on voit des Soldats Romains coëffés de casques à la maniere des Parthes *d* avec qui ils étoient en guerre; les Grecs & les Romains ont pu faire usage des casques appartenans aux Nations barbares, quoiqu'ils fussent en guerre avec elles. Au reste, parmi les casques que nous exposons ici, il en est quelques-uns qui se rapprochent assez du goût des Grecs *e*, *e*, des Romains *f*, & des Parthes *g*, pour croire qu'ils ont pu leur avoir appartenu. A l'égard des plus bizarres qui sont aussi nouveaux qu'extraordinaires *h*, *i*, *k*, *l*, les monumens anciens qui nous les ont fournis, ne laissent aucun lieu de douter qu'ils n'aient existé tels qu'on les produit ici. Mais nous avouerons ingénument qu'il n'est point de connoisseur ni d'antiquaire qui ne nous ait insinué, qu'ils étoient plutôt le fruit de l'imagination des ouvriers, que l'étiquette du caractere d'aucun peuple. Que nous importe? Ne suffit-il pas, qu'ils soient beaux, singuliers, & qu'ils puissent être utiles, pour être autorisés à les proposer pour modeles, dans les occasions où l'on n'est point contraint de désigner telle ou telle nation particuliere? Les arts doivent savoir gré à l'Antique de leur fournir de pareilles bizarreries dont ils peuvent tirer des avantages réels.

PLANCHE III.

LES présentes coëffures militaires *a*, *b*, *c*, *d*, extraites d'après les batailles d'Alexandre, appartiennent aux Alliés de ce Héros & aux divers Peuples de la Grece *e, f, g, h*, fi l'on excepte quelques cafques qui font Perfes *i*, ou Indiens *k*. On s'apperçoit qu'il n'en eft point de Romains ; auffi font-ils profonds, amples, faillans, & prefque tous fans oreillettes. Après avoir examiné la richeffe des panaches, des ai-grettes (*), des crêtes en lames, des couronnes, des monftres & autres figures dont ils font furmontés, jettons un coup d'œil fur le cafque à triple aigrette *l*, que le Brun a donné à un Porte-enfeigne dans l'entrée d'Alexandre à Babylone. Nous avons vu dans la Planche III du pré-cédent Cahier, que ce triple ornement étoit connu des Latins comme des Grecs. Il nous refte à obferver que certains connoiffeurs croient, qu'on appelloit également cafques à triple aigrette, ceux qui avoient trois rangs de plumes au panache, & ceux qui aux côtés de la crête principale, avoient deux autres ornemens, touffes de plumes, aigret-tes de crins, ailes, animaux, ou figures quelconques. Nous ne porte-rons pas plus loin l'obfervation, les écrivains ne s'étant pas expliqués fort au long fur cet article.

PLANCHE IV.

LES épées des anciens Romains *a, b, c*, que Polybe appelle des épées Efpagnoles, étoient tranchantes des deux côtés, également pro-pres pour frapper d'eftoc & de taille. La lame forte de la pointe n'avoit qu'environ deux pieds & demi de longueur ; même après l'invention du fer, cette lame étoit de cuivre & d'une trempe auffi dure que l'a-cier. Les Grecs & les Romains ne portoient l'épée qu'en tems de guerre (**). Ils la fufpendoient au côté droit *d, e, f*, & portoient un poignard *g* au côté gauche. Cet ufage a eu lieu pendant long-tems chez tous les Peuples ; mais il a beaucoup varié chez les Romains. Homere raconte qu'à l'armée, les Grecs fur-tout, dont les différentes fortes d'épées peuvent fe rapporter à nos fabres, nos cimeterres, nos coutelas, en élevoient jufqu'aux épaules le pommeau & la poignée, vraifemblable-

---

(*) Ce que l'on nomme aigrette s'appelloit auffi criniere, parce que fouvent on y plaçoit des queues de cheval, de loups, de renard ou d'autres bêtes fauvages.

(**) Dans les notes du Traducteur de Sophocle, on lit au fujet d'Œdipe : que les Grecs ne portoient point d'armes dans les Villes ; qu'Œdipe n'étoit point armé, l'ufage ne voulant point qu'il le fût ; & que les anciens Grecs n'étoient pas même toujours armés en voyage,

ment du côté gauche, & suivant plusieurs monumens antiques sous Trajan, les Romains ne portoient l'épée que du côté droit. C'est dans la seule occasion où il s'agiroit de caractériser par cette circonstance le regne de cet Empereur, que la licence pourroit en être permise ; puisque les Grecs, les Romains & presque toutes les Nations ont fini par porter l'épée du côté gauche, & à la hauteur des reins : il faut éviter, autant qu'on le peut, de choquer les bienséances. Les Anciens suspendoient leurs épées à d'especes de ceinturons, à de petites chaînes ou à de courts baudriers fixés à leur ceinture, & quelquefois à des courroies qui partoient de l'épauliere de leur corcelet : ils portoient de même leurs sabres *h*, leurs cimeterres, leurs couteaux de chasse *i*.

La forme & la grandeur des boucliers des peuples de la Grece & de Rome ont été soumises à de grandes variétés. Les Légionnaires Romains, pesamment armés, en avoient de très-grands qu'on nommoit *Scutum*, & qui étoient longs & quarrés ; les Soldats armés à la légere avoient le *Clypeus* qui étoit rond & court ; le *Parma* qui étoit encore plus léger & plus court, & le *Pelta* qui étoit d'une légereté extrême & coupé en demi-lune. Les Lacédémoniens (*) en avoient de si larges & si longs, qu'ils couvroient un homme presque entier, & qu'on y rapportoit les militaires morts glorieusement dans le combat. Nous en avons vu l'exemple à la Planche II du cinquieme Cahier. Ces armes étoient indifféremment, ovales, rondes, quarrées, octogones ; quelques Officiers y faisoient tracer la premiere lettre du nom de la ville dont ils avoient la garde *l* ; d'autres, l'image de la divinité qui en étoit protectrice *k*, *m*. Les Athéniens y plaçoient Minerve ; les Spartiates, Hercule ou Castor & Pollux ; les Crotoniates, Apollon & Junon, &c. Enfin, toutes ces armes qu'on matelassoit en dedans *n*, portoient un témoignage de la confiance qu'avoient les Grecs en la protection des Dieux. Les Romains n'étoient ni si religieux, ni si magnifiques dans leurs armes. Polybe faisant la description du bouclier d'un soldat Romain, dit : il avoit quatre pieds de haut sur deux pieds & demi de large, & étoit composé de deux ais du bois fort léger de peuplier, collés ensemble avec de la colle de taureau ; une grosse toile collée de même le couvroit, & par-dessus étoit un cuir de veau ; les bords étoient revê-

---

(*) On en a fait mention à la Planche VIII du dixiéme cahier, d'après Tite-Live & Plutarque. Nous allons, à la fin de cette explication, y ajouter ce qu'en dit Polybe.

tus de fer, ainfi que le milieu qui s'élevoit en boffe pour foutenir les
plus grands coups de pierre ou de traits. On fait néanmoins qu'il s'en
falloit de beaucoup que tous les boucliers des Officiers romains fuffent
auffi fimples. On conferve dans le cabinet du Roi, celui de Scipion,
qui fut trouvé dans le Rhône en 1656. Il eft d'argent, du poids de
vingt-une livres, & repréfente, en bas-relief cizelé, *la Continence de ce
héros*. Les boucliers d'argent n'étoient point rares chez les Anciens,
fur-tout chez les Macédoniens; les Grecs en avoient même d'or ; témoin celui d'Alcibiade qui étoit recouvert de lames de ce métal, &
orné d'un Cupidon d'yvoire qui embraffoit la foudre. Le fameux bouclier d'Achille décrit dans Homere, le plus magnifique, fans contredit,
de tous les boucliers connus, étoit compofé du mêlange des métaux
les plus précieux. Trois cercles d'or le bordoient. On y voyoit au milieu la terre, le ciel, le foleil, la lune & tous les aftres qui couvrent la
voûte des cieux. Il étoit environné de douze bas reliefs cizelés autour
du zodiaque, & renfermés eux-mêmes dans le vafte Océan qui en
formoit la bordure.

PLANCHE V.

NOUS avons vu'ailleurs (*) que les boucliers des Romains étoient en
forme de tuile à canal *a, b,* & que fous Trajan on peignoit fur ceux
de la légion fulminante l'image de la foudre *c.* Ces boucliers étoient
très-commodes pour faire la tortue *d* ; ufage que les Romains avoient
appris des Grecs ; mais qu'ils avoient perfectionné par l'emploi de leurs
boucliers creux & quarrés, qui fe rapprochoient beaucoup mieux que
les ronds dont fe fervoient les Grecs, comme nous le verrons dans
fon tems, en parlant de la tortue. Outre les boucliers de toute forte
de forme, les Romains en avoient de toutes fortes de matieres ; bois,
cuir, fer, acier, cuivre, ordinairement ornés, foit d'une tête de Médu-
fe *a*, d'une couronne de chêne *b*, ou d'autres fignes caractériftiques (**).
Ils enlevoient fouvent des armes aux Parthes, aux Daces, aux Germains
& aux Gaulois leurs ennemis, de qui ils tenoient auffi des boucliers

______

(*) Planches VI & IX du dixiéme cahier.

(**) Les Grecs y mettoient des animaux ; fur celui de Diomede il y avoit un coq ; fur
celui de Ménélas un dragon, &c.

couverts de leton, en forme d'écaille, & armés d'une pointe d'acier *e*, *f*, qui servoient à attaquer en même tems & à se défendre. La plupart étoient matelassés en dedans, nous venons de le voir, ou avoient un coussinet *g*, *h* pour appuyer le bras. Tous étoient garnis d'une anse & d'une main de cuir pour les tenir, ainsi que d'une forte courroie pour les suspendre & pour les porter *i*. Plutarque rapporte, que Camille s'étant apperçu que les boucliers ordinaires des Romains étoient trop foibles pour résister aux coups d'estramaçon des larges épées des Gaulois, qui n'étoient propres qu'à trancher n'ayant pas de pointe, fit border tous les boucliers de fortes lames de fer, comme ils furent toujours depuis.

P L A N C H E   V I.

Les lances des Anciens *a*, *b*, *c*, n'avoient rien de particulier, si ce n'est qu'il y en avoit quelques-unes d'une prodigieuse longueur (*), & que d'autres étoient armées d'un double fer *d*, *i*. Leurs arcs *e*, *e*, leurs flèches *f*, & leurs carquois *g*, ne différoient en rien de ceux qui sont connus de tout le monde; mais les Grecs avoient des javelines *h* qu'ils lançoient & qu'ils retiroient après le coup, à l'aide d'une courroie, qui d'un bout tenoit au javelot, & que de l'autre bout ils entouroient à leur poignet. Il y avoit aussi des javelots à double fer *i*, dont on se servoit comme d'une lance.

P L A N C H E   V I I.

Cette feuille ne présente que des armes appartenantes à des Barbares avec qui les Grecs & les Romains ont été long-tems en guerre : c'est à ce titre que nous avons cru pouvoir les mêler ici parmi les armes de ces peuples. On y voit la chaussure d'un Scythe *a*, espece de guêtre qui couvre la cuisse, la jambe & le pied : elle y tient par des boutons posés à larges distances, qui laissent appercevoir une partie du nud; plus le bouclier d'un ancien Germain *b*, caractérisé par les

---

(*) La Sarisse des Lacédémoniens avoit, dit-on, seize coudées, qui fait plus de quatre toises de long. Les soldats de la Phalange Macédoniene, outre l'épée, avoient une pique de vingt-un pieds de longueur.

ornemens bizarres de fa nation , & l'arc avec le carquois d'un Perfe ,
défigné par l'image du foleil *c*. Au-deffous font réunis le clipéus à demi-
matelaffé *c*, la hache à pointe *d* , la maffe de fer *e* , & la pêle d'ébene *f* ,
dont fe fervoient les Indiens contre leurs ennemis ; enfemble un des
jougs *g* qu'employerent contre Alexandre les troupes de Darius pour
contenir la fougue de leurs courfiers attelés aux chars à faulx, & les
empêcher de trop s'écarter , ou fe rapprocher les uns des autres. Ce
joug , copié d'après le Brun , tel qu'il l'a peint dans la bataille d'Arbelle,
eft grouppé avec un poteau où eft fufpendu le cimeterre d'un Mede *h*,
arme reffemblante à nos fabres ; & plus bas le bouclier d'un Arabe *i*,
qu'on prendroit pour le *Pelta* des Romains, ou pour celui d'une Ama-
zonne , coupé en demi-lune.

PLANCHE VIII.

AVANT que Marius , au rapport de Pline , eût fixé par la figure de
l'aigle *e* l'enfeigne caractériftique des Romains , leurs premiers fignaux
n'étoient que des bottes d'herbes ou de foin, attachées au bout d'une
pique ; enfuite ils porterent dans leurs étendards les figures du loup *a*,
du minotaure *b*, du cheval *c*, & du fanglier *d*. Outre l'aigle qui étoit
l'enfeigne principale de chaque légion, chaque cohorte avoit les fiennes
faites en forme de petites bannieres d'une étoffe de pourpre. Il y avoit
fur quelques-unes des dragons peints ; fur plufieurs autres des mêmes
dragons en relief. Les animaux, dont les Romains compofoient leurs
fignaux militaires , fur-tout l'aigle , étoient d'argent, parce qu'ils efti-
moient que ce métal étoit apperçu de plus loin qu'aucun autre. A
l'égard du loup , du cheval, du minotaure & du fanglier , ils n'étoient
ordinairement que de bronze ou d'acier bien poli : on les fixoit fur des
plateaux au bout d'une pique , où ils étoient foutenus par des ornemens en forme de confoles. Les foldats avoient un fi grand refpect
pour les Enfeignes , qu'ils ne paffoient jamais devant , fans les faluer.
C'eft par elles qu'ils juroient quand ils vouloient faire quelque ferment.
On mettoit auprès d'elles , comme dans un afyle affuré, le butin & les
prifonniers de guerre. Enfin les Officiers & les Soldats des Légions
mettoient leur argent en dépôt dans l'endroit où étoient les aigles Romaines , & le Porte-aigle en étoit le gardien.

PLANCHE IX.

DES enfeignes militaires font ici réunies avec des inftrumens qui fer-voient à faire entendre les ordres du Commandant, & animer les troupes dans le combat, à annoncer dans une action la charge & la retraite, & avertir dans un camp lorfqu'on montoit & defcendoit les gardes, &c. Le lituus *a*, le cornet *b*, la trompette *c*, & le clairon *d*, étoient employés à cet ufage. Les tubicines qui étoient chargés de cette fonction, & qu'on nommoit auffi *Buccinatores e*, étoient coëffés d'un muffle de lion, ou de la dépouille d'un animal fauvage, attachée à leur cafque *e*, comme en avoient les Porte-enfeignes ; avec la différence que ceux-ci s'ajuftoient avec la peau entiere de l'animal, qui leur fer-voit non-feulement de coëffure, mais encore de manteau. Avant que les Romains fuffent caractérifés par l'aigle, du tems de la République, & même depuis les Empereurs, ils furent fenfiblement défignés par le fignal où on lifoit l'infcription **S. P. Q. R.** qui leur eft propre *f*. Nous expofons ici ce fignal, & cette infcription conçue en quatre lettres ini-tiales (tout le monde fait qu'elles fignifient *le Sénat & le Peuple Ro-main.*) L'Auteur qui nous les a fournies, en affociant le portrait du Conful (*) que défit Annibal à la bataille de Cannes, a affecté de ren-verfer l'enfeigne militaire des Romains aux pieds du Héros Carthagi-nois, & de groupper avec la ftatue (**) l'urne remplie d'anneaux des Chevaliers Romains, pour rendre, autant qu'il étoit poffible, par l'art du cifeau, les détails de cet événement célebre. L'exemple d'une auffi louable exactitude, doit être pour les jeunes Sculpteurs une le-çon qui leur démontre, qu'en réuniffant ainfi autour du principal per-fonnage les circonftances capitales d'un fait hiftorique, on peut le retracer aux yeux de la poftérité avec tous les détails, la nobleffe & l'intérêt dont il eft fufceptible. Après avoir vu que les Romains & les Grecs avoient des enfeignes particulieres: telle étoit l'aigle des uns,

---

(*) Terentius-Varro fut battu par les Carthaginois ; fon Collégue, Paul Emile, refta fur la place avec 40000 hommes de pied, 2700 de cavalerie, & la fleur de la Nobleffe romaine. [216 ans avant J. C.]

(**) Cette figure, placée autour du grand baffin des Thuilleries, eft de Sebaftien Slodz, pere de Michel-Ange du même nom.

& les Divinités protectrices des autres *g*, remarquons qu'ils en avoient aussi qui leur étoient communes ; comme le dragon volant *h*, le Labarum, la main de concorde, &c. dont nous allons faire mention.

Planche X.

Voici les enseignes militaires particulieres & communes aux Grecs & aux Romains, dont ils faisoient usage le plus fréquemment, & dont les relations sont le plus mentionnées dans les Historiens. Un bouclier & une clamide élevés au bout d'une lance *a*, un jeune bélier *b*, un étendard en forme de Labarum *c*, étoient chez les Grecs des signes de ralliement, qui, si l'on excepte le labarum, leur étoient en quelque sorte particuliers. Homere rapporte qu'au siege de Troye, Agamemnon, pour se faire connoître, élevoit un voile de pourpre *d* : on présume qu'à l'imitation de leur chef, les Officiers ont pu se servir d'un stratagême semblable. Qui ne sait que Romulus, lors de l'enlevement des Sabines, éleva un pan de son manteau pour donner le signal ? Ce moyen a donc pu être commun aux deux nations. L'aigle perchée sur un globe & des tours, au-dessus de plusieurs fercules *e*, fut un des signes militaires qu'on porta au triomphe de Cesar. La chouette perchée de même sur des fercules *f*, fut l'enseigne qu'arborerent les Athéniens dans leur expédition contre les Thébains. Le loup *g* fut un signal commun aux Grecs & aux Romains ; mais cet étendard étoit particulier à ceux-ci, quand il étoit accompagné de l'inscription S. P. Q. R. *h*. Le médaillon de Pallas *i*, ainsi que la statue de Minerve que nous avons exposée ci-devant, étoient des enseignes particulieres aux Lacédémoniens. La main de concorde environnée d'une couronne de laurier *k* étoit commune aux Peuples de Rome & de la Grece. Ceux-ci formoient aussi des signaux de guerre avec diverses inscriptions nationales, soutenues par une figure de Mars *l*. Non-seulement les militaires, mais encore les villes & les particuliers de marque, sur-tout chez les Grecs, eurent leurs enseignes & leurs devises. Athenes avoit Minerve, l'olivier & la chouette ; Lacédémone avoit Hercule, Castor & Pollux ; Corinthe, une main de concorde soutenue par des branches de chêne *m*. Plutarque nous apprend qu'Alcibiade s'étoit approprié pour devise un Cupidon armé de la foudre, &

qui'l l'avoit fait graver fur fon bouclier d'or (*). On voit dans la tragédie d'Efchile , intitulé *les Sept devant Thebes*, que Capanée , l'un
d'eux , portoit pour devife un homme nud , tenant en main une tor-
che , avec ces mots, *j'embráferai la ville.*

PLANCHE XI.

LA plupart des fignaux militaires , dont on vient de faire mention , ne fervoient ordinairement qu'à rallier les troupes , & à diftinguer
les différentes légions. Il y en avoit d'autres qui fervoient à encourager
les Officiers par l'efpérance d'obtenir les honneurs que l'armée avoit
accordés à leurs prédécelleurs , en les propofant aux Soldats pour modeles d'intelligence , de force , de valeur , par une enfeigne militaire
qu'ils faifoient de leur bufte *a*. Les Alliés des Romains fe faifoient
gloire de porter l'aigle à la tête de leurs cohortes; mais pour les diftinguer , on varioit les attributs de l'aigle ; tantôt en lui donnant une
couronne d'or fur la tête *b*,& une couronne de laurier *c* entre les griffes;
tantôt en lui mettant la foudre *d*, ou une branche d'olivier dans le bec *e*.
D'autres étendards militaires dont les Anciens faifoient ufage pour
intimider l'ennemi , préfentoient divers objets effrayans , tels que
des têtes de bêtes feroces *f*, & divers monftres *g g*; des glaives fuf-
pendus *h*, & une Gorgone au bout d'une lance *i*; enfin des piques *k*,
des halebardes hériffées de crochets *l*, *m*, qu'on ne pouvoit tirer
du corps de ceux qu'elles avoient bleffés fans leur arracher les en-
trailles. Ces images horribles à certains égards , dont quelques troupes Romaines ont fait ufage , n'effrayerent néanmoins pas les Gaulois , les Daces , ni les barbares de la Germanie , accoutumés à des
fpectacles bien plus hideux , & n'empêcherent pas les Indiens , les
Perfes , les Scythes , les Sarmates , à la folde de Darius , de harceler vi-
vement les Grecs & leurs Alliés. Ces barbares , que la mort même n'ef-
frayoit pas (**) , fondoient fur leurs ennemis avec tant de vigueur &
de rapidité , qu'ils arrachoient mille fois des avantages très-confidé-
rables aux Soldats les mieux aguerris des plus puiffantes Républi-
ques.

(*) On en a fait mention ci-devant, Planche IV.
(**) Plufieurs Sarmates portoient dans leurs drapeaux l'image de la mort.

Planhe XII.

Les Thébains avoient une vénération particuliere pour le Sphinx *a*: ils le portoient à la tête de leurs troupes dans les expéditions les plus importantes. Il étoit ordinairement peint en blanc fur un fond verd, avec une infcription grecque en lettres d'or, dans un étendard en forme de banniere, où le monftre étoit repréfenté accroupi fur une urne cinéraire *b*. Ils le faifoient fouvent précéder d'une grande chouette de bronze doré *c*, montée fur un platteau d'airain, & étendant fes aîles en figne de la proteétion que Minerve dont cet oifeau étoit l'attribut, ne manquoit jamais d'accorder au peuple de Thebes. On étoit en ufage d'accompagner ces fignaux militaires d'un étendard formé d'une tête de femme coëffée d'une tour à fept crénaux *d* qui faifoient allufion au fept portes de Thebes, & d'un autre compofé des profils accollés de Minerve & de Pallas, bienfaitrices des Grecs *e*. Quand les Thébains foutinrent contre les Athéniens & les Lacédémoniens cette guerre, où par la valeur d'Epaminondas, ceux-ci, dans la fameufe journée de Leuétres, remporterent la viétoire fur leurs ennemis qui leur étoient fupérieurs par le nombre, ceux d'Athenes avoient pour enfeigne le cheval *f*; ceux de Lacédémone le tigre *g*; & ceux de Leuétres le dragon volant *h*. Quelques-uns combattoient avec le foulon d'airain *i* (*): la plupart néanmoins fe fervoient de la hache *k*, une des armes ordinaires des Grecs. Qui eft-ce qui ignore, qu'au paffage du Granique, Clitus l'employa pour abattre le poignet au barbare Rofaces, prêt de fendre avec fon arme le cafque d'Alexandre. Voici trois monumens, efpeces de fignaux, dont la deftination finguliere nous engage à les expofer à la curiofité des Amateurs. Le premier a long-tems décoré la porte du premier arfenal des Romains: il repréfente un loup tenant un cartel où eft infcrit *Roma l*: cette deftination le fit placer dans la fuite au rang des fignaux militaires. Le fecond eft un labarum que le Sénat décerna particulierement à Jules Cefar, pour exprimer fa valeur par un lion, & la rapidité de fes conquêtes par des aîles *m*: cette enfeigne fut portée devant lui

---

(*) On voit dans la premiere feuille du cahier fuivant, figure **A**, que les Cavaliers romains fe fervoient de cette arme. Raphaël en a fait ufage dans fon *Heliodore*.

durant les quatre jours qu'il triompha : depuis lors cet Empereur prit un lion ailé pour devise. Le troisieme est un étendard votif que la République avoit consacré à Romulus, en mémoire du Sénat qu'il avoit établi, des sages loix qu'il avoit faites, & de son nom qu'il avoit donné à Rome & aux Romains. Le Héros y est désigné par la louve, qui, suivant la fable, l'avoit nourri n (*).

(*) Remus & Romulus ayant été exposés sur le Tybre , par l'ordre d'Amulius, furent trouvés par Faustule , Intendant des Bergers de ce Roi d'Albe, qui les fit élever par Laurentia sa femme, surnommée *Louve* à cause de ses débauches; c'est ce qui donna lieu à la fable , que ces deux enfans avoient été allaités par une louve.

Fin du onzieme Cahier.

D.
A.
E.
C.
B.
F.
F.
A.
E.

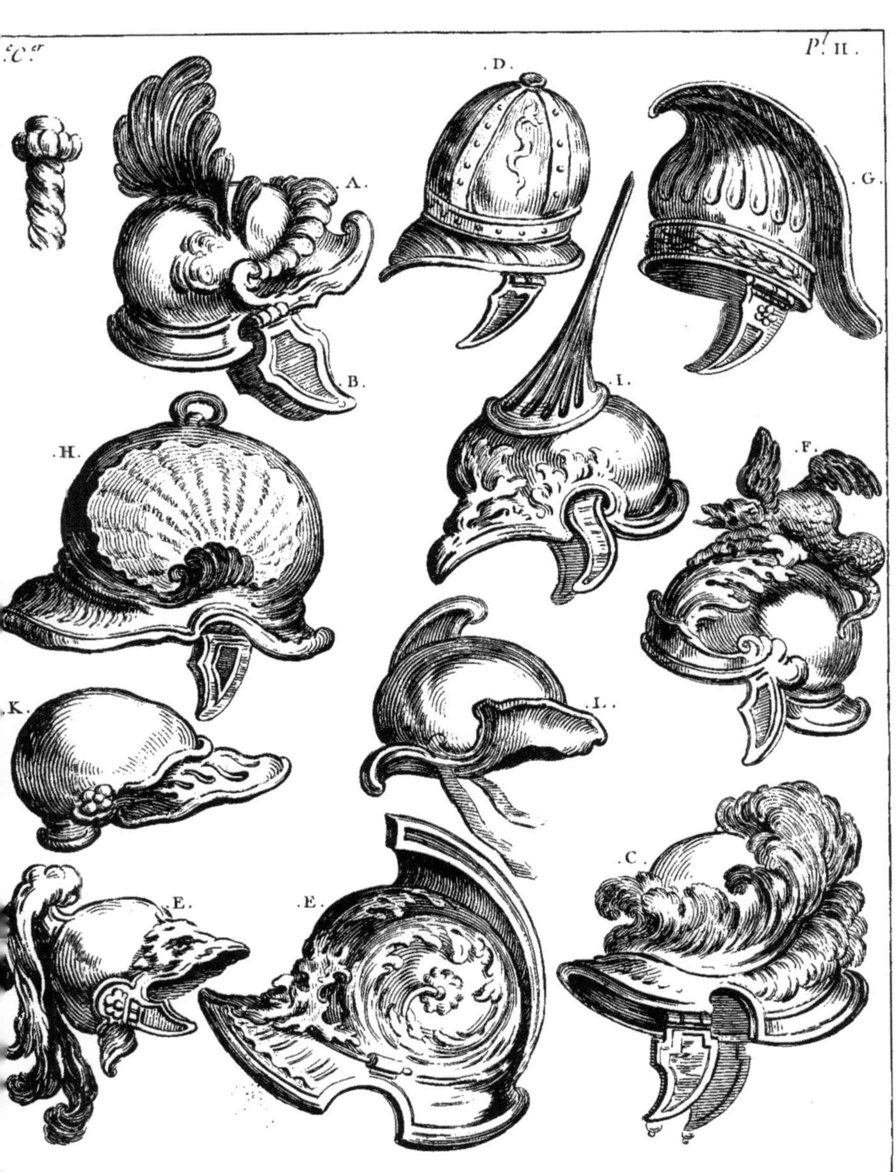
C.ᵉʳ
A.
B.
D.
G.
H.
I.
F.
K.
I.
E.
E.
C.

.D.
.I.
.H.
.K.
.A.
.C.
.I..
.G.
.E.
.F.
.B.

PC.r
Pl. IV
D
A
G
C
B
E
F
H
K
L
M
I
N

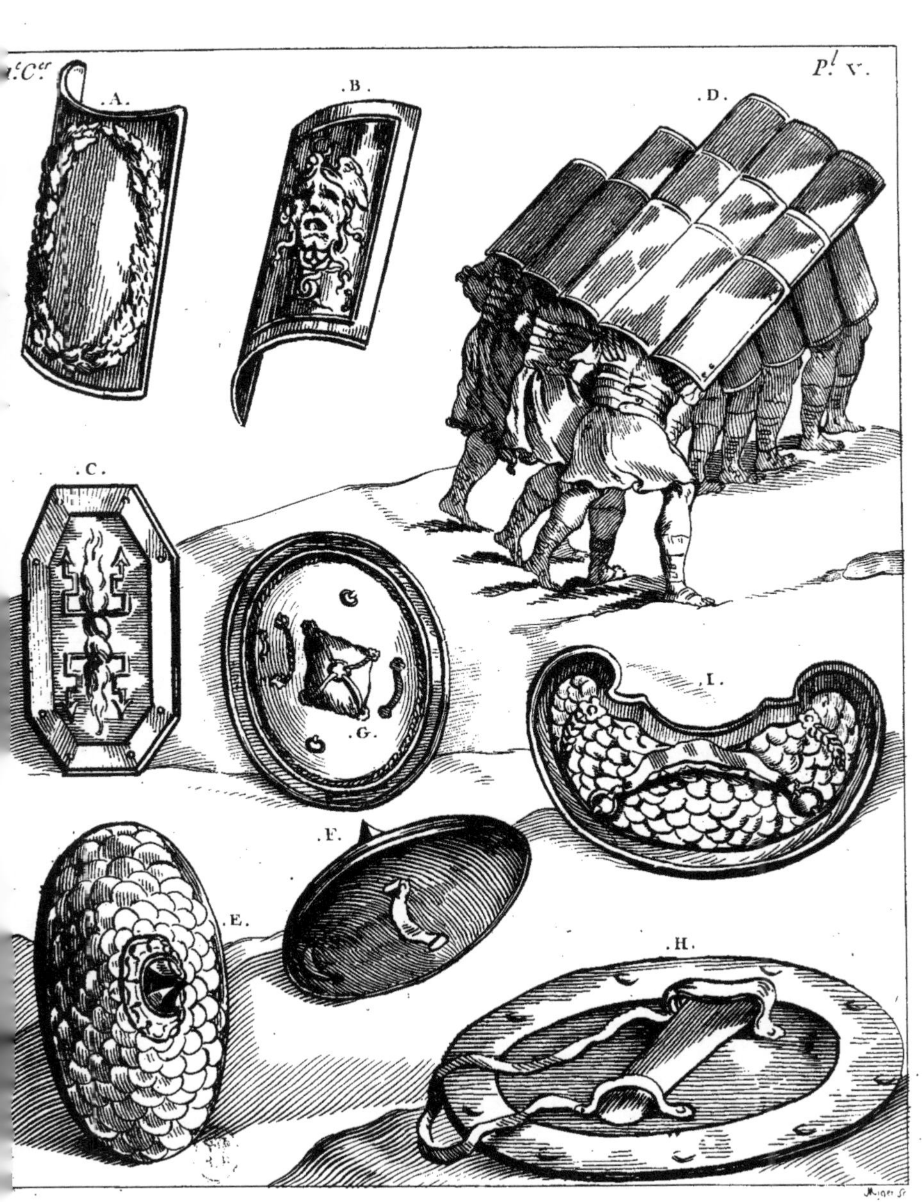

.Cer.
Pl. v.
.A.
.B.
.D.
.C.
G
.G.
.I.
.F.
.E.
.H.

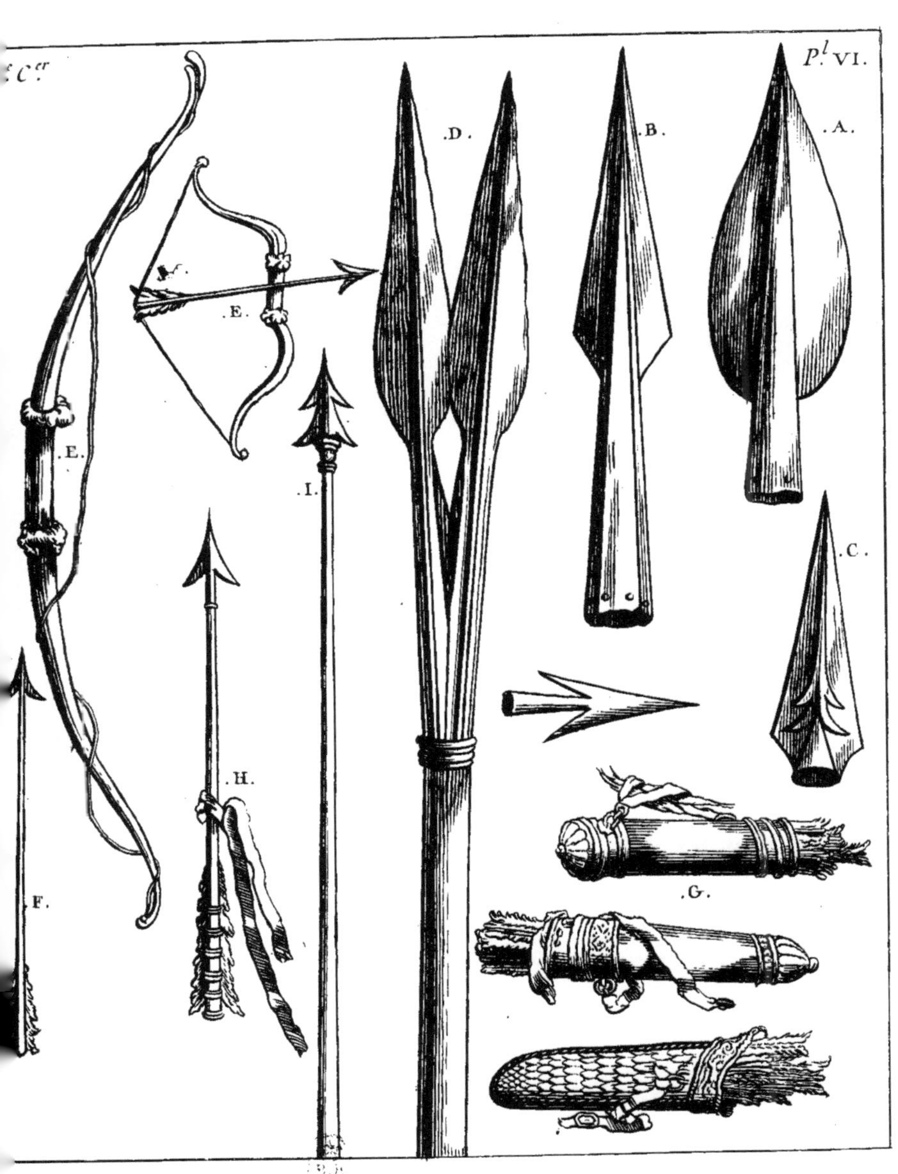

Pl. VI.
A.
B.
C.
D.
E.
E.
F.
G.
H.
I.

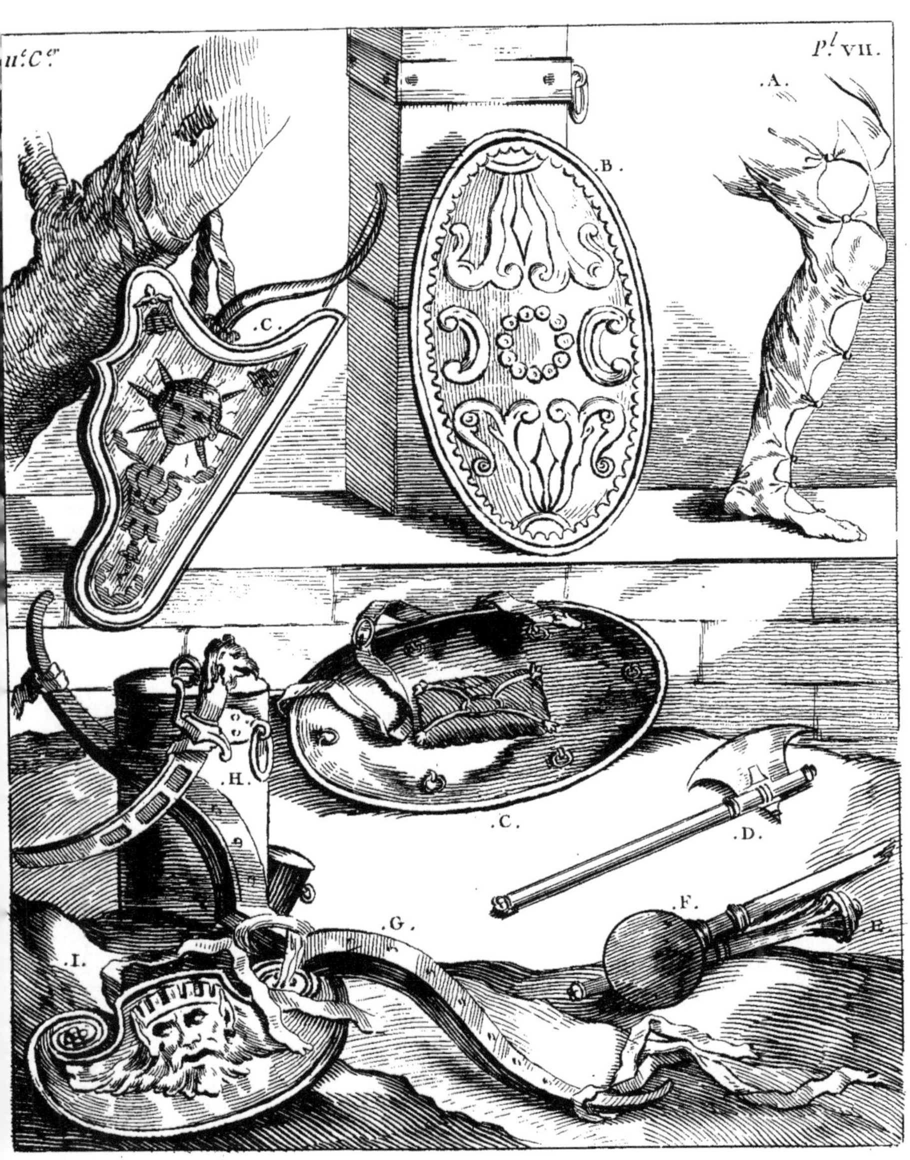
A.
B.
C.
D.
F.
G.
H.
I.

u.ͨ C.ͬ
Pl. VIII.
B.
A.
E.
D.
C.

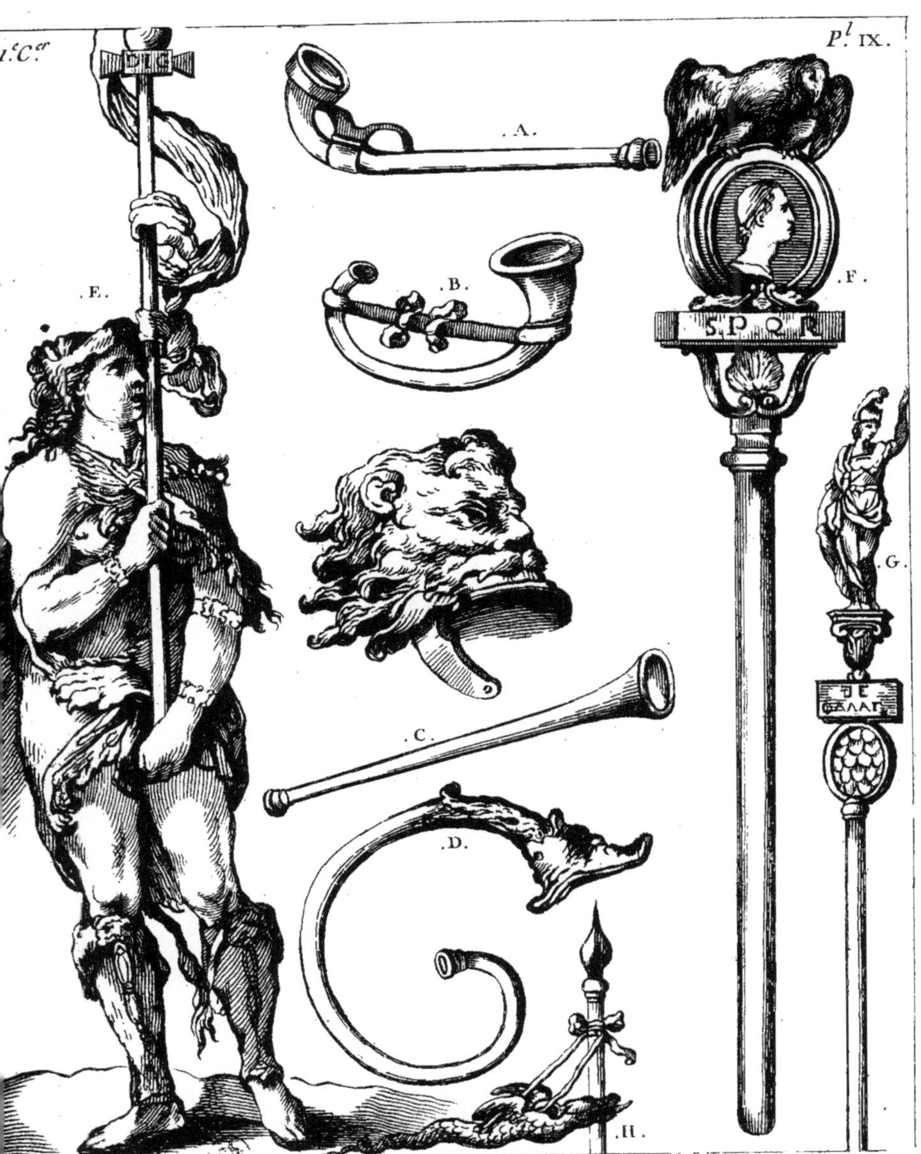

1.C.er
Pl. IX.
A.
B.
E.
F.
SPQR
C.
G.
D.
H.

P. X.
A.
B.
C.
D.
E.
F.
G.
H.
I.
K.
L.
M.
SPQR

A.
AVGVSTA
B.
C.er
E.
.B.
D.
Pl. XII.
.G.
.C.
.F.
.I.
.H.
.K.
.L.
.M.
.H.
IMPERATOR
ROMA
S · P · Q · R

COSTUME

DES GRECS ET DES ROMAINS.

PREMIERE PARTIE.

USAGES MILITAIRES.

DOUZIEME CAHIER. *PLANCHE I.*

CE fragment de Cavalerie Romaine *a*, extrait d'après les monumens anciens, nous perfuade, que depuis Romulus qui l'inftitua (*)
jufques fous le regne des Empereurs, elle n'eut pas d'autre accoûtre-
ment militaire, ni d'autres troupes que l'infanterie. Un fimple corfelet fans manteau, un cafque à oreillettes, furmonté de légeres lames
feftonées, une cravate pour hauffe-col, des guêtres où tenoit la fan-
dale, formoient l'ajuftement des Cavaliers; une courte-épée, un bouclier de cuir de bœuf, un javelot étoient leurs armes offenfives & défenfives : la feule qui leur étoit propre, & dont les Fantaffins n'ufoient
point, étoit une boule de fer ou de plomb emmanchée dans un court
lévier *b*. A l'égard des étendarts, la Cavalerie arboroit l'aigle, le
labarum *c*, le dragon volant. Ils n'étoient différens de ceux de l'Infanterie que par la couleur qui étoit bleue, & parce qu'ils étoient taillés en
banderoles. Chaque Brigade, chaque Compagnie avoit le fien. Les
Porte-enfeignes étoient vêtus d'une dépouille de lion qui leur fervoit

---

(*) D'abord toute la Cavalerie Romaine ne confiftoit qu'en trois cens jeunes hommes que
Romulus choifit parmi les meilleures familles pour en faire fes Gardes ; & ce fut-là l'origine
des Chevaliers Romains. Enfuite Servius-Tullius les augmenta jufqu'à dix-huit cens, à qui
on entretenoit un cheval aux dépens de l'Etat. Enfin Pyrrhus avec fa cavalerie Teffalienne
& Annibal ayant fait fentir aux Romains l'utilité de ces troupes, ceux-ci augmenterent
fa cavalerie à proportion des forces de leurs Ennemis.

M

de coëffure & de manteau *d*. Dans ses légions, la Cavalerie avoit des Licteurs *e* pour punir les coupables, des Haftats *f* qui combattoient avec la lance, des Jaculateurs *g*, armés de carquois, d'arcs & de fleches; on peut dire qu'à l'exception des Frondeurs elle avoit la même police, les mêmes secours & les mêmes reffources que l'infanterie. Ses chevaux *h,h* avoient pour harnois le porte-mors, le frontal & la bride *i,i*; une piece d'étoffe *k,k* pour felle, & pour tout ornement des bandes de cuir découpées en treffles *l, m*, à la croupiere & au poitrail. Depuis le regne de Conftantin & fous le Bas-Empire, la Cavalerie Romaine fut ajuftée à la Grecque; c'eft-à dire qu'elle étoit armée de toutes pieces. Les Cavaliers avoient une armure de mailles ou à écailles qui les couvroit jufqu'au coude & jufqu'aux genoux. Leur cafque étoit furmonté d'un panache de plumes, ou de quelque ornement qui en tenoit lieu. Ils avoient des gantelets, un épais bouclier, une javeline ferrée des deux bouts, & une épée plus longue que celle de l'Infanterie : c'eft ainfi que Polybe décrit l'armure de la Cavalerie romaine. Alors les chevaux dont elle fe fervoit, étoient bardés au poitrail & aux flancs. On croit qu'auparavant ils avoient été entretenus aux dépens du Public jufques fous Caligula & Vefpafien; & qu'entre les regnes de ces Empereurs on leur fupprima cet avantage. Nous obferverons ici que les Cavaliers ne fe fervoient point d'étriers *n, o, p*, & que leurs felles étoient rafes ; ainfi ils n'étoient fermes que par leur tenue. Pour monter à cheval, ils étoient accoutumés à fe lancer deffus tout armés, & montoient également à droite comme à gauche. Il n'étoit point d'ufage de ferrer les chevaux, quoiqu'on ferrât les mulets ; fans doute parce que les bagages dont on les chargeoit, rendant leur marche plus lourde, exigeoient qu'elle fût plus fûre.

PLANCHE II.

La maniere dont les Anciens attachoient la bride de leurs chevaux, étoit la même que celle dont les Modernes font ufage. Les courroies qui formoient la tétiere (*) étoient ordinairement garnies de boucles,

____

(*) Quoique les porte-mors & le frontal fuffent en cuir, la bride étoit quelquefois en foie treffée.

de rofettes *a*, *b*, de fleurons & autres petits ornemens ; celles du poitrail & de la croupiere l'étoient de trefles en cuir découpé *c*, ou mêlés avec des croiffans de métal. On en verra la repréfentation détaillée dans la Planche V qui fuit. Les Cavaliers Grecs n'avoient point d'étriers , non plus que les Romains : en général tel étoit l'ufage des Anciens ; mais les chevaux étoient ferrés : les chars armés de faulx que Pyrrhus employa contre les Romains, ne laiffent aucun lieu de douter que les courfiers qui les traînoient ne fuffent bien folidement ferrés. Au refte, les Grecs formoient leurs felles & leurs houffes de peaux de bêtes fauvages, qui fervoient tout à la fois à la commodité du Cavalier & à la parure du cheval *d*, *e*, *f*. On fixoit cette dépouille par une fangle qui paffoit fous le ventre , & par deux des pattes de la dépouille qu'on nouoit devant le poitrail du cheval *g* ; les deux autres flottoient fur fa croupe *h*.

PLANCHE III.

La Grece avoit dans fa cavalerie des étendards *a* qui lui étoient particuliers , outre quantité de fignaux & d'enfeignes militaires. C'étoient de grands guidons en foie , ou de riches banderolles, portant l'image de Minerve *b*, d'Hercule *c*, de Caftor & Pollux , &c. ou le nom des cohortes auxquellles ils appartenoient *d*. Ces cohortes arboroient auffi des drapeaux volumineux où étoient brodés en or le nom & les titres du Général. On portoit ordinairement cet étendart à côté de la divinité protectrice de la brigade : tel eft celui que Lebrun, dans fon tableau *de la défaite de Porus*, a prêté aux troupes d'Alexandre *e*, & qu'il a placé non loin de la ftatue d'Hercule. On lit fur ce drapeau : *Jupiter Ammon*, dont ce héros fe vantoit d'être fils , & dont à ce titre il vouloit qu'on lui rendît les honneurs malgré la répugnance de toute la Grece (*). Les Romains n'avoient point de ces étendards

______

(*) Alexandre irrité contre le philofophe Califtene de ce qu'il défapprouvoit hautement qu'il voulût fe faire adorer comme fils de Jupiter Ammon, feignit de croire que ce Philofophe trempoit dans une confpiration , & fous ce prétexte le fit cruellement mutiler. Lyfimaque fon Difciple, pour le délivrer de fa honte & de fes tourmens, lui fit tenir du poifon. Alexandre l'ayant fçù, fit expofer Lyfimaque à la rage d'un lion affamé. Quand ce brave

magnifiques. Leurs enseignes même impériales n'étoient que des labarums d'une forme très-simple & d'une serge de soie peu recherchée. Si l'on excepte le *monograme* de Constantin (*) qui étoit d'une étoffe précieuse, orné de broderies, de franges *f*, de glands d'or & qui formoit une banniere plus grande & plus riche que les labarums de tous les Empereurs ; on n'a point vu dans les armées Romaines d'étendards qui eussent par leur richesse aucun rapport avec ceux de la Cavalerie des Grecs. Les tentes *g*, *h* de ceux-ci avoient la même supériorité de bon goût & de magnificence. Elles étoient décorées, comme celles des Perses qui leur en avoient inspiré la richesse, de tous les ornemens convenables à la Nation, au Souverain, ou au Héros pour qui on les destinoit.

P L A N C H E   I V.

VOILA quelques-unes de ces superbes tentes qu'avoient les Princes Grecs au siege de Troye *a*. Antoine Coypel nous en a fourni le modele dans son tableau, représentant Ulysse & Ajax qui disputent les armes d'Achille : cet ouvrage fait une des riches décorations de la gallerie du Duc d'Orléans. La principale des tentes que nous examinons *a* appartient à Agamemnon. Nous la représentons dénuée d'ornemens, pour laisser la liberté aux Artistes d'y retracer les plus convenables aux sujets où ils l'introduiront ; nous bornant à les avertir que dans le tableau d'où nous les avons extraites, les rideaux sont bordés d'une large broderie en or ; une plus légere contourne les pentes, au milieu desquelles sont aussi brodés des attributs militaires, casques, boucliers, armes de toute espece. Les plattes bandes sculptées & enrichies de divers bas-reliefs, présentent de pareils ornemens :

Sparciate vit le monstre prêt à s'élancer sur lui, il s'enveloppa la main de son manteau, la lui plongea dans la gueule, & lui ayant arraché la langue, l'étendit mort sur la place.... *Justin. Liv. xv. Chap. iii.* Le rapport du destin de Lysimaque avec le sort de Milon de Crotone & de Samson de l'Ecriture, fourniroit à la Sculpture des pendans bien assortis. Cette seule raison nous a déterminés à placer ici ce trait d'histoire.

(*) On appelle *Monograme* une espece de chiffre composé d'une on plusieurs lettres entrelassées qui sont ordinairement les lettres initiales d'un ou de plusieurs noms propres ou significatifs. Le *Monograme* servoit autrefois de sceau & d'armoiries. On marquoit aussi les monnoies du *Monograme* des Rois.

le tout en or, ainſi que les moulures & les glands. Une garde commandée par un Officier de marque *b* avec l'enſeigne de la principale brigade *c*, ne perdoit jamais de vue ces tentes de diſtinction. On en tenoit ordinairement l'entrée ouverte pour la commodité des militaires & pour la ſalubrité de l'air.

PLANCHE V.

Il s'en faut de beaucoup que ces tentes Romaines *a* copiées d'après l'Antique *b* & d'après le Pouſſin *c*, ſoient auſſi riches que les Grecques dont nous venons de faire mention, quoiqu'elles aient des décorations convenables ; mais elles n'en ſont pas moins commodes : on pourroit même dire qu'elles paroiſſent plus ſûres & plus ſolides, étant d'une forme plus ſtable & d'une élévation mieux proportionnée avec la largeur de leur baſe ; étant couvertes d'un toit en dos-d'âne très-propre à l'écoulement des eaux ; étant au ſurplus entourées de fortes barricades *d* qui les garantiſſent des ſurpriſes de l'ennemi. On dépoſoit ordinairement les ſignaux, les inſtrumens militaires, & quelques armes dans la tente du Général. Pour déſigner ces circonſtances, on a placé ici un bouclier *e*, une lance *f*, une trompette recourbée *g*, des dragons volans *h,h*, & des inſcriptions *i,i*, que l'armée Romaine portoit à la tête des légions. On leur a aſſocié une portion de ces courroies ci-devant indiquées, garnies de treſles & de croiſſans *k* dont on ornoit la croupiere & le poitrail des chevaux.

PLANCHE VI.

Nous liſons dans Polybe, qu'il étoit d'uſage ſous la République, de poſter trois ſentinelles devant la tente du Queſteur *a*, où étoit la caiſſe militaire. D'autres Hiſtoriens nous apprennent qu'à cette précaution on ajoutoit celle d'inveſtir ce logement de fortes barricades *b,b*, ainſi que nous venons de le voir, pour en rendre l'abord plus difficile, & afin qu'au moindre mouvement des ennemis *c, d*, deux ſentinelles *e* euſſent le tems de ſe réunir pour les combattre & les repouſſer ; tandis que le troiſieme *f* appelloit le ſecours des voiſins. Car non loin de la tente du Queſteur, il y avoit celles des Officiers que le Sénat en-

voyoit pour fervir de Conſeil au Général. Ces tentes des Officiers *g*
étoient auſſi gardées par des ſentinelles. Toutes ces particularités font
aſſez fidélement retracées dans la Planche VI que l'Amateur a
fous les yeux.

PLANCHE VII.

ORDINAIREMENT la tente du Conſul, du Préteur ou du Général,
étoit dreſſée au lieu le plus propre pour découvrir tout le camp,
& au milieu d'une grande place quarrée, aux quatre coins de laquelle
étoient les tentes des foldats de la garde du Commandant. Nous re-
marquerons qu'en hiver la tente de ce Chef étoit environnée d'une
houſſe *a* qui la garantiſſoit des rigueurs de la faiſon : en été on rele-
voit cette houſſe pour laiſſer entrer la fraîcheur. Quand elle étoit
abattue, elle formoit une eſpece d'antichambre où ſe tenoient les
domeſtiques du Général, & où l'on dépofoit fon armure, bouclier,
carquois, arc, &c. une portion du bagage, caiſſes, tables, ou autres
meubles du logement, & quelques armes des foldats *b*. Non loin étoit
un corps - de - garde *c*, nuit & jour attentif aux moindres mouvemens des eſpions ou des avant-coureurs ennemis. Il étoit d'ordinaire
compofé d'un Porte-aigle *d*, d'un Enſeigne *e*, d'un Officier & de pluſieurs Fantaſſins *f* toujours armés, & ayant fans ceſſe fous les yeux
l'eſpece de monograme de la République *g* qui leur en rappelloit les
ordres, les intérêts & la gloire.

PLANCHE VIII.

LES Anciens eſtimoient, qu'après la valeur, l'éloquence devoit
être la principale qualité d'un Général d'armée (*). Les allocutions *a*
qu'ils étoient en uſage de faire aux troupes avant le combat, leur

---

(*) Anciennement les Conſuls & les Lieutenans généraux étoient tous gens de ſçavoir,
dit Tite-Live. On juge par les commentaires de Cefar, par les écrits de Xenophon, par
les talens de Germanicus, combien ces grands Capitaines avoient de reſſources pour per-
ſuader l'eſprit & gagner le cœur des foldats, faire renaitre en eux le défir de combattre,
& les animer également par des motifs de gloire & par l'eſpérance de s'enrichir des dépouilles de l'Ennemi.

faifoient regarder le talent de la parole comme auffi important &
auffi néceffaire que l'exemple même ; & ils n'imaginoient pas qu'un
Chef qui ne favoit pas bien exhorter fes troupes , pût les bien faire
manœuvrer. L'objet des allocutions étoit de perfuader aux foldats la
néceffité de la bataille , de leur en applanir les obftacles , de leur en
déguifer les périls , de ranimer leur courage , de les flatter de l'efpoir
d'une victoire prefque affurée , & de leur promettre les récompenfes
dues à leur valeur. Pour être à portée d'être bien entendu de tous ,
le Général *b* , accompagné de fes principaux Officiers *c* , montoit fur
une efpece de tribunal *d* qu'on conftruifoit quelquefois de pierres arrangées à la hâte , quelquefois auffi de monceaux de gazon entaffés ,
tantôt dans le camp, tantôt fur le champ de bataille même. Là, environné de fes troupes *e*, *f*, *g*, attentives à fes remontrances, armées &
prétes à marcher à l'ennemi , il les haranguoit, & par les motifs les
plus preffans, les intéreffoit à leurs propres avantages , à leur honneur & à la gloire de leur Patrie. Dès que l'allocution étoit finie ,
les trompettes fonnoient la charge ; auffi-tôt les troupes jettoient un
grand cri d'allégreffe : on jugeoit par la vivacité des clameurs , de la
difpofition où elles fe trouvoient pour combattre ; & l'on mar-
choit à l'ennemi.

Planche IX.

Pendant la bataille on excitoit les guerriers , & on ranimoit leur
courage par le fon des inftrumens *a*. On plaçoit une partie des mufi-
ciens fur des éminences *b* , afin qu'ils fuffent entendus de loin. Les
Romains fe font conftamment fervi de la trompette d'airain qu'ils
tenoient des Tofcans ; les Grecs s'en fervoient de même. Ces trompettes étoient de deux fortes ; les unes longues & droites *c* reffembloient à de longues clarinettes : les Allemands en ont encore de pareilles , mais elles font en bois ; les autres étoient recourbées *d* ,
comme le premier tour de nos cors-de-chaffe : c'eft ce que les anciens appelloient *clairons*. Le fon de cet inftrument étoit plus aigu
que celui de la trompette commune : une forte verge , quelquefois
armée par les deux bouts *e*, traverfoit l'inftrument & en foutenoit

les branches circulaires. Elle fervoit au liticine, non-feulement à porter le clairon *f*, mais encore fouvent à fe défendre contre l'ennemi. Tous les peuples de la Grece ne faifoient pas ufage du clairon dans les armées ; les Lacédémoniens y employoient la flûte, & les Thraces des cornets & de certaines coquilles qui réfonnoient comme la trompette ; leur bruit aigre & fépulchral annonçoit ordinairement la marche des troupes, leurs différentes évolutions & la retraite. On ne bornoit pas à l'indication de ces exercices, l'emploi des inftrumens de guerre, fur-tout les trompettes & les clairons. On les faifoit fervir à célébrer avec éclat le triomphe des vainqueurs : c'étoit-là leur plus noble ufage, & qui faifoit le plus de plaifir aux guerriers. Au fon des bruyantes fanfares, le foldat croyoit voir la victoire accourir & defcendre dans le camp avec l'appareil glorieux des couronnes & des palmes *g*.

PLANCHE X.

LE bélier *a* étoit une des principales machines de guerre des Anciens. Suivant quelques Hiftoriens, les Grecs l'inventerent (*) : difons mieux, furent les premiers Peuples qui s'en fervirent ; bientôt après les Romains en firent ufage comme eux. C'étoit une poutre armée d'une tête en fer de l'animal qui lui a donné fon nom. Cette poutre, tantôt ronde, tantôt quarrée, avoit une armature foutenue de plufieurs tours de cordes, qui s'uniffoient au bout oppofé à la tête de bélier *b*, & qui fervoient à le mouvoir ; tantôt il étoit fufpendu dans une charpente en forme de tour *c*, tantôt dans une efpece de membrure *d*. Dans cette fituation, on l'agitoit en le tirant en arriere & le repouffant avec effort contre le mur qu'on vouloit démolir. Il

---

(*) Au rapport de Pline, Epéus, Charpentier Tyrien, qui avoit conftruit le fameux cheval de Troye, lequel, au dire de l'Hiftorien, n'étoit qu'une forte de bélier pour abattre les murs de cette Ville, eft l'Inventeur du bélier. Ce qui lui en donna l'idée fut l'entreprife des Carthaginois qui, pour ruiner une forterefle des Romains, pouffoient à force de bras une groffe poutre contre les murs qu'ils démolirent à la fin, quoique maladroitement & avec peine. Epéus qui étoit dans le camp des Carthaginois fentant le fort & le foible de cette machine, la perfectionna & en conftruifit les divers béliers qui font connus de tout le monde.

y avoit de petits béliers *e,e* que des hommes pouvoient mouvoir à force
de bras ou à découvert, ou à l'aide d'une guérite ; mais leurs coups
ne produifoient pas grand effet. Le bélier dont l'effort plus direct portoit les coups les plus vigoureux, étoit celui qu'on couloit fur des
poulies *f.* Nous verrons bientôt la guérite dans laquelle on l'agitoit,
pour être à l'abri des traits de l'ennemi. Vouloit-on tranfporter les gros
béliers ? Un léger chariot *g* fervoit à cette manœuvre ; mais on n'y mettoit que la poutre béliere ; les travailleurs démontoient toutes les char-
pentes, & les remontoient aifément quand ils vouloient en faire ufage.

P L A N C H E   X I.

SOUVENT plufieurs vigoureux foldats *a* uniffoient leurs efforts pour
agiter une poutre béliere *b* ; ils abattoient alors les plus folides murs.
Il n'y a que le bélier à roulettes qui fût capable de faire de plus grands
ravages : nous en avons la conftruction dans la feuille précédente.
Voici la guérite *c* où fe plaçoient ceux qui faifoient la manœuvre, &
qui les garantiffoit des pierres, des torches embrafées, des traits *d* &
des pots à feux *e* que lançoient les affiégés. Les planches qui l'en-
vironnoient, les peaux de bêtes fraîchement écorchées *f*, fouvent
enduites de terre glaife dont elle étoit recouverte, rompoient les coups
& les rendoient fans force. Le bélier placé dans fon canal *g* y rouloit
fur des poulies par l'effort des foldats, dont les uns le tiroient fortement en arriere, & les autres le pouffoient avec vigueur en devant,
fur le mur qu'on vouloit abattre.

P L A N C H E   X I I.

PARMI les guérites qui fervoient à divers ufages, il y en avoit
dont le toît étoit furmonté d'une tour *a*, par où les affiégeans écar-
toient à coup de fleches les gardes avancées de l'ennemi, & arce-
loient les travailleurs qui combloient les foffés. Ils employoient à cet
effet des facs de feuilles *b*, des fafcines *c* & autres matériaux convenables qu'ils portoient fur d'efpeces de brancards *d* affez forts pour
leur fervir de pont dans le paffage de certains fleuves étroits, mais
rapides. Les guérites étoient couvertes & entourées de dépouilles

de bœufs & de moutons préparées *e*, non-feulement pour amortir les coups de dards & de pierres *g*, mais encore pour réfifter aux huiles bouillantes , aux bitumes enflammés & plombs fondus lancés par les ennemis. Quand après bien des efforts ils s'étoient rendus maîtres de la place, ils ne manquoient guere de mettre aux fers le Commandant *f*, & de le faire fervir d'otage (*). Lorfque celui-ci fe rendoit par capitulation , il obtenoit fouvent les honneurs de la guerre & même la liberté.

(*) Tout le monde fçait qu'un otage eft une fureté qu'on donne à des Ennemis pour l'execution de quelque promeffe ou dans d'autres vues , en remettant entre leurs mains un prifonnier de conféquence , ou quelqu'autre perfonne notable qu'on laiffoit quelquefois aller fur fa parole, comme les Carthaginois en uferent à l'égard de Regulus. On a mis en queftion, fi les Ennemis avoient droit de vie & de mort fur leurs otages , lorfque ceux-ci manquoient ou à l'exécution de leurs promeffes ou d'entrer dans les vuës de ceux de qui ils dépendoient. Le trifte fort de Regulus qu'on peut regarder comme un otage honorable des Carthaginois décide la queftion. Ceux-ci l'envoyerent à Rome fur fa parole avec leurs Ambaffadeurs pour demander la paix, comptant que dans l'efpérance de devenir entierement libre, il appuieroit leur demande ; mais le Conful Romain , au lieu de folliciter la paix , confeilla fortement au Sénat de continuer la guerre. Ainfi les Ambaffadeurs furent renvoyés avec refus , & Regulus retourna en Afrique. Les Carthaginois furieux de ce procédé , le firent mourir de la maniere la plus cruelle ; ils l'enfermerent dans un tonneau hériffé de pointes de fer très-aiguës , & le roulerent jufqu'à ce que ce grand homme eût perdu la vie par mille bleffures dont aucune n'étoit mortelle, mais qui toutes enfemble le firent périr dans d'extrèmes douleurs.

Fin du Douzieme Cahier.

A.
F.
D.
B.
H.
G.
E.
C.

.D.
.A.
.B.
.F.
CHATTI VENSES
ZEYΣ AMMΩN
ΦΑΛΑΕ
.C.
.F.
.G.
.H.

Pl. IV.
A.
B.
C.

.B.
.C.
.E.
S.P.Q.R
.G.
.K.
.H.
.E.
.D.
.A.
.H.
.F.

G.
A.
F.
K.
B.
E.
B.
C.
D.

A.
B.
C.
D.
E.
F.
G.
S·P·Q·R.

A.
B.
C.
D.
E.
F.
G.

G.
B.
C.
F.
D.
A.
F.

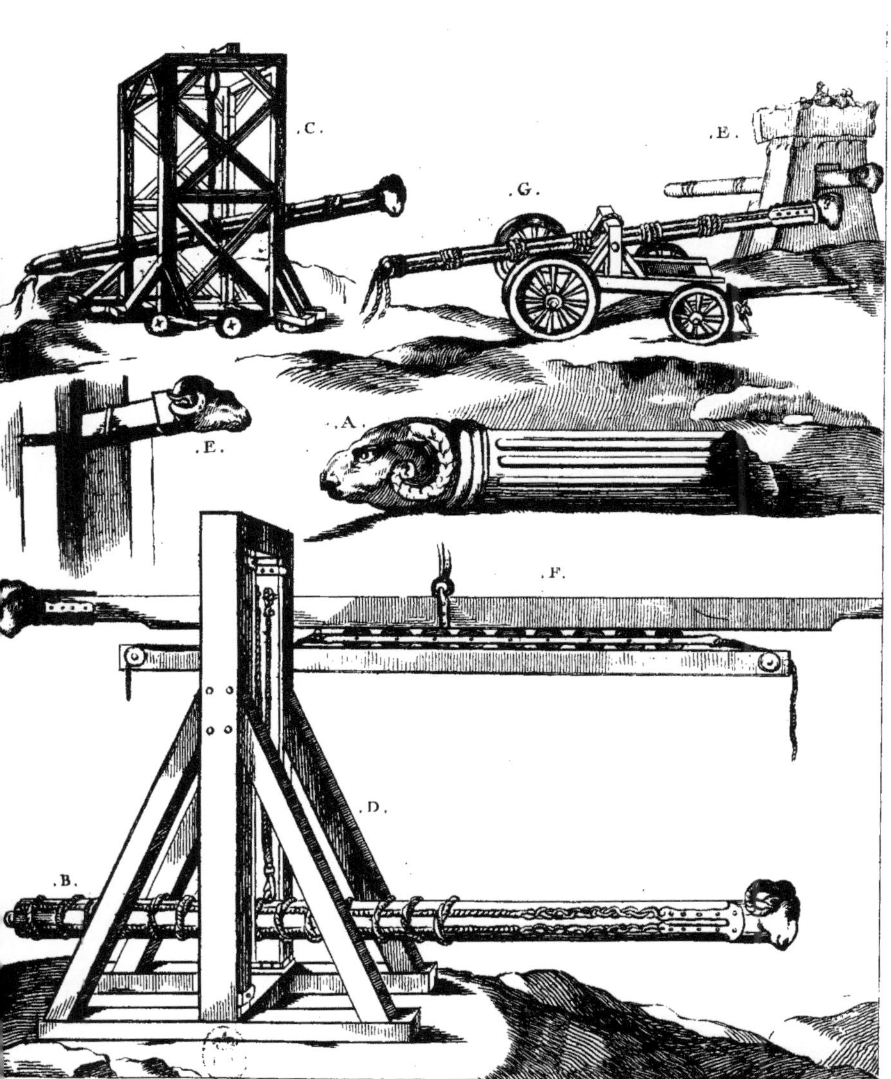
C.
E.
G.
E.
A.
F.
D.
B.

Pl. XI.
C.
F.
G.
A.
B.
E.
D.

C
B
D
F
A
E
G
Pl. XII.

COSTUME

DES GRECS ET DES ROMAINS.

PREMIERE PARTIE.

USAGES MILITAIRES.

TREIZIEME CAHIER. *PLANCHE I.*

L'ART d'afliéger les Villes & les Places, dont on vouloit fe rendre maître par les armes, étoit très-conu & très-redouté des Ifraëlites. Les fréquentes attaques qu'ils effuyoient à Jérufalem, & les profanations que le fuccès des Idolàtres y occafionnoit fouvent, leur fit prendre les fieges en exécration. Ils penfoient à leur égard comme les Romains.. Ceux-ci regardoient un fiege à foutenir, comme l'objet de la défolation publique & la caufe de fi violentes alarmes, qu'ils accordoient l'honneur du triomphe & la couronne obfidionale (*) à ceux qui dé-livroient leurs citoyens des horreurs de ce fléau : calamité d'autant plus funefte & meurtriere, qu'elle étoit communément chez les An-ciens d'une longue durée ; & que pendant l'intervalle de ce défaftre, la guerre attirant d'ordinaire la famine, expofoit la Ville affiégée à des inhumanités qui faifoient frémir la nature. Telles on vit dans le fiege de Samarie & fur-tout dans celui de Jérufalem, où Tite ayant pris cette malheureufe Ville, l'abandonna aux flammes & au pillage de fes troupes ; on vit, dis-je, des meres barbares manger leurs propres nourriffons, & s'accorder mutuellement de fournir tour à tour des

---

(*) C'étoit une couronne d'or bordée de creneaux. Voyez la Planche VIII du quator-zieme Cahier.

N

victimes à leur cruelle voracité. Le défaut de machines & d'armes convenables à l'accélération d'un siege étoit la cause de la longueur de ceux des Anciens : on ne connoissoit rien alors qui produisît des effets aussi prompts & aussi terribles que la poudre à canon. Les Grecs & les Romains n'avoient pour toute artillerie que les catapultes , les balistes , & n'employoient pour l'attaque & la défense que des armes de jet dont il étoit facile de rompre les efforts. Les assiégeans construisoient des tours roulantes pour le transport des troupes , & pour être à portée d'attaquer l'ennemi avec avantage de loin comme de près. Quelques-unes de ces tours étoient composées de plusieurs étages à corridors *a* , quelquefois saillans comme des balcons & bordés de créaux. Au bas étoit le bélier *b* pour saper les fondemens des remparts dans le tems qu'on harceloit la garnison occupée à les défendre. L'édifice mobile placé sur de forts madriers *c, d* , étoit aisé à mouvoir au moyen des cylindres *e, f* sur lesquels on le rouloit , & auxquels nous verrons bientôt qu'on joignoit un cabestan pour faire avancer le plancher de madriers qui le portoit. Telles étoient les précautions des assiégeans. De leur côté les assiégés élevoient des tours *g* , d'où ils observoient la marche & les manœuvres de l'ennemi. Ces postes qu'un toît mettoit à l'abri du ravage des balistes & des catapultes étoient encore garnis de peaux fraîchement écorchées *h* , de terre glaise , & autres matieres capables d'émousser la pointe des traits qu'on pouvoit lancer directement contre eux. Toutes ces précautions n'empêchoient pas qu'à la faveur des guérites & des mantelets, on n'ébranlât , on ne démolît leurs tours , leurs remparts , & que l'ennemi ne se rendît maître de leurs places.

PLANCHE II.

LES tours roulantes des Grecs & des Romains n'étoient pas toutes aussi riches , que celle dont on vient de voir la représentation. Ces machines de guerre *a* n'étoient souvent couvertes que de madriers posés transversalement *b* , ou à-plomb *c* , & ayant une ouverture par le haut avec des fenêtres autour, à tous les étages *d, e* , quelquefois même à la seule face de devant *f*. On les changeoit de place comme les autres,

à l'aide des cabeftans *g*, autour defquels on dévuidoit les cordes attachées au pied de la tour *h*; on les accompagnoit de mantelets *i* & de
guérites à bélier *k*, autant pour garantir ceux qui tournoient les mou-
linets que pour abattre tout ce qui pouvoit s'oppofer à leur marche.

P L A N C H E   I I I.

Les mantelets, fous lefquels les fappeurs fe garantiffoient des traits
de l'ennemi *a*, étoient d'efpeces de toîts formés de planches affemblées
à angle aigu fur deux poutres écartées & montées fur quatre roues
qui en faifoient la bafe *a*. Il y en avoit de reffemblans à nos guérites de Sentinele *b*, fimplement couverts d'un toit en dos-d'âne, qui
n'avoit de pente que fur les côtés, & d'autres beaucoup plus petits
c, affemblés comme les feuilles d'un paravent, fans couverture &
portés fur des roulettes : ceux-ci fervoient à pénétrer dans des re-
coins, où à l'aide de tarieres *d*, on faifoit de grands trous qu'on
rempliffoit de matieres combuftibles pour embrafer tout ce qui pouvoit périr par le feu. Les principaux mantelets dont les Sappeurs faifoient ufage dans la démolition des tours & des remparts *e*, & qui
étoient les plus expofés aux efforts des affiégés, n'étoient pas
conftruits différemment pour la forme : mais les madriers, les
poutres & les roues, en étoient beaucoup plus fortes : ils étoient quelquefois diftingués par la décoration du drapeau de la légion *f* qui
fourniffoit tous les travailleurs de l'armée. C'eft à la faveur de ces machines, folides à toute épreuve, que les Sappeurs manœuvroient fans
craindre les plus terribles traits que les affiégés pouvoient lancer contr'eux. C'eft auffi fous l'abri de leurs boucliers preffés les uns contre
les autres que les foldats faifant ce qu'on appelle la tortue *g*, *h*, favo-
rifoient ces ouvriers, avançoient fans rien craindre, & pénétroient en
fûreté dans la place par les différentes breches que les démoliffeurs
venoient d'ouvrir (*).

____

(*) On lit dans les Commentaires de Cefar, qu'un des expédiens les plus efficaces pour
garantir les Sappeurs des traits de l'ennemi, étoit d'élever devant les mantelets, des rideaux

Planche IV.

Nous venons de voir , & nous indiquons encore ici, que les Romains faifoient la tortue avec des boucliers quarrés *a* ; les Grecs la faifoient avec des écus ronds *b*. Les uns & les autres formoient ainfi un affemblage fi folide , que non-feulement rien n'étoit capable de le rompre ni de l'ébranler, mais encore qu'ils pouvoient favorifer avec fuccès la defcente des troupes; c'eft par le moyen d'un pont-levis ménagé dans un étage de leurs tours *c* & abattu fur les remparts , qu'elles entroient fans obftacle dans la place qu'on affiégeoit. Quand elles vouloient y pénétrer par quelque brèche faite au bas de la place , ou en efcaladant , ou d'autre forte, les affiégés faifoient jouer le corbeau à crochets ; c'étoit une longue bafcule *d,* armée de crampons de fer avec laquelle ils accrochoient & enlevoient les Soldats qui ofoient fe trop approcher du fort, pour en brûler par le fecours des fafcines goudronnées *f*, les portes , les pont-levis, & ce qu'il y avoit de combuftible dans les ouvrages affiégés.

Planche V.

Les corbeaux étoient des machines de guerre également ufitées chez les Anciens & fur mer & fur terre : il y en avoit de plufieurs fortes. On mettoit au rang des plus utiles le corbeau à poutre *a* ; c'étoit une pièce de bois fufpendue à un chaffis porté fur deux montans *b* , qu'on agitoit par un mouvement de bafcule, & qui par ce balancement venant à tomber fur la tête du bélier, en rompoit tous les efforts. On prifoit auffi beaucoup le corbeau à tenailles *d*. Il étoit compofé de gros cifeaux dentellés , enchaînés au bout d'une perche *e* qui leur formoit un contre-poids. Ces cifeaux s'ouvroient en tombant ; & dans leur chûte, embraffant la tête du bélier *f*, enlevoient la guérite où

---

faits de gros câbles , qui amortiffoient la force des coups, & auffi de donner aux travailleurs des cafques & des corcelets couverts d'ofier.

il étoit placé *g*, & les hommes qui l'agitoient. On laiffoit enfuite tomber la guérite, qui en fe fracaffant, bleffoit très-dangereufement & quelquefois à mort les manœuvriers qui s'y trouvoient enfermés. Ces deux machines étoient en faveur des affiégés ; à l'avantage des affiégans il y avoit le corbeau à cage *h*, qui, à l'aide d'un cabeftan & d'une efpece de petit mat *k* qu'on baiffoit d'un côté, de l'autre on élevoit les foldats à la hauteur des remparts ennemis, & on les mettoit à portée d'entrer dans la place par l'endroit le plus foible & dans le tems où les affiégés s'y attendoient le moins.

Planche VI.

LE même corbeau qui fervoit à élever les foldats fur le parapet des remparts, fervoit à les defcendre dans le fond des rochers. Hérode mit ce ftratageme en ufage pour exterminer des brigands qui s'étoient réfugiés dans les cavernes de la Judée. Il fit conftruire de grandes caiffes *a*, *b* armées de ferrures, dont un des côtés *b* s'ouvroit & s'abaiffoit en pont levis *c*. Elles étoient fufpendues par de fortes chaînes ; & à l'aide de machines à poulies & de cabeftans folidement fixés fur le haut des rochers *d*, on defcendoit les cages jufqu'aux antres les plus bas *e*. Alors les foldats Romains, armés de lances & de hâches *f*, *g*, brûloient les cavernes de ceux qui ne vouloient pas fe rendre, ou les forçoient à fe précipiter *h*.

Planche VII.

POUR les attaques maritimes, Archimede inventa un corbeau propre à couler les vaiffeaux à fond. C'étoit un affemblage de grappins de fer attachés à plufieurs cordes *a*, qui par le fecours d'une bafcule & d'un immenfe levier *b*, placé fur le rempart des affiégés *c*, atteignant le vaiffeau ennemi *d*, s'y cramponnoient, l'enlevoient, le faifoient pirouetter, le fecouoient & le précipitoient dans la mer. Pour faciliter l'abordage, ils fe fervoient alors du corbeau inventé par Diuil-

lius *e* (*). C'étoit une groſſe maſſe de fer très-lourde, très-pointue, en
forme de cœur *f*. Dans la partie ſupérieure étoient des pates d'ancre *g*, qui
ſe plioient, lorſque le corbeau par ſa peſanteur ouvroit en tombant le
pont du vaiſſeau ; elles s'étendoient enſuite, accrochoient le pont, & tenoient le navire fortement harponné. Auſſitôt on abattoit un petit pont,
au bout duquel étoient des griffes de fer qui l'attachoient au bâtiment
ennemi. Les aſſiégés ſe trouvant ainſi maîtres du vaiſſeau arrêté, en venoient à l'abordage. Depuis Druillius, les Romains & pluſieurs autres
Peuples pratiquerent cette manœuvre dans toutes les attaques maritimes. Il y avoit un corbeau d'une autre eſpece, qu'on nommoit dé-
moliſſeur, parce que la perche dont il étoit formé, & qu'on agitoit
en façon de balancier, étoit armée de crampons de fer *h* qui accro-
chant les crénaux des murs & des tours *i*, les ébranloient, déraci-
noient les pierres, & démoliſſoient de fond en comble les plus ſolides remparts.

P L A N C H E   V I I I.

CETTE ſambuque *a*, extraite d'après le Chevalier Folard, dans ſes
Commentaires ſur Polybe, peut donner une idée de celle des Grecs
& des Romains, dont nul Auteur ne nous a tranſmis la forme. On
conjecture, avec quelque ſorte de vraiſemblance, qu'elle étoit
comme celle-ci compoſée d'une échelle *b*, où pouvoient monter quatre
hommes de front, & aſſez élevée pour atteindre la hauteur des mu-
railles. Quant à celle que nous examinons, on la plaçoit au milieu
d'un bâtiment de tranſport *c*, & on l'attachoit à deux poulies par des
cordages qui l'élevoient & la laiſſoient tomber lorſqu'on les lachoit *d,e* ;
ce qu'on ne manquoit pas de faire, dès qu'on étoit au pied de la mu-
raille que l'on vouloit eſcalader. L'échelle s'accrochoit au parapet ennemi par des crampons de fer, dont elle étoit armée dans ſes extrêmités ſupérieures *f*. Alors les aſſiégeans, ſur quatre colonnes, montoient, arrivoient au parapet, tandis que d'autres de leurs troupes,

---

(*) Voyez ce qui a été dit de ce vaillant Marin dans l'explication de la Planche **VIII**,
chap. I X.

du haut des tours placées fur deux barques qu'on lioit étroitement enfemble *g*, & qu'on amarroit à une troifieme, faifoient pleuvoir fur les affiégés une grêle de pierres & de traits. Pendant l'expédition on arboroit ordinairement l'enfeigne draconaire *h*.

PLANCHE IX.

Voici les canons & les mortiers des Anciens; c'eft-à-dire, leurs plus fortes machines de guerre : les catapultes *a* & les baliftes *b*. Les unes fervoient à lancer des pierres ; c'étoient là leurs boulets: les autres à décocher des traits ; ils n'avoient pas d'autres bombes. On lançoit les pierres avec la catapulte, par le moyen d'un cueilleron. Le manche de ce cueilleron étoit engagé dans un écheveau de cordes *c* qui le tenoit dans une pofition perpendiculaire fortement attaché contre la piece de traverfe *d e*, où dans l'inftant de la détente, le cueilleron devoit frapper. Lorfqu'on vouloit lancer la pierre, on le baiffoit à force *f* par le fecours d'un cabeftan, jufqu'à ce qu'il fût engagé dans le reffort *g* qui devoit le contenir. On mettoit alors la pierre dans la coupe du cueilleron *h*, & d'un coup de maillet *i* donné fur le reffort qui l'enchaînoit, on lâchoit la détente. Soudain le cueilleron, par fon élafticité, fe portoit avec une rapidité extraordinaire vers le centre où il étoit engagé ; & frappant avec violence contre la piece tranfverfale fur le couffinet plein de paille hâchée, pouffoit la pierre au loin par une progreffion circulaire *k* d'une force terrible (*). Il y avoit des catapultes-baliftes *l* qui ne différoient de celles-ci que par un canal *m* qu'on y ajoutoit, & dans lequel on difpofoit des javelots *n*, de maniere qu'ils étoient lancés au loin par le même effort qui lançoit les pierres. Les catapultes de campagne *o*, beaucoup moins fortes que les autres, étoient fixées fur des petits chariots *p*, & on les faifoit agir fans les déplacer.

(*) On a vu des catapultes qui lançoient à plus de cent vingt-cinq pas des pierres de trois cent livres pefant. Jofeph raconte qu'au fiege de Jérufalem il y en avoit d'affez fortes pour les jetter jufqu'à deux ftades. Appien dit que Sylla, dans la guerre contre Mitridate, avoit des baliftes qui jettoient au loin vingt groffes bales de plomb à la fois.

Planche X.

Outre les catapultes-baliftes, les Anciens avoient des baliftes *a* qui ne fervoient qu'à lancer des javelots & autres gros traits *b*, tels que les *trifax* & les *faleriques*. Les trifax étoient des dards à trois pointes qu'on armoit de feux & qu'on lançoit avec une forte d'arbaletre. Les faleriques, autrement nommés boute-feux, avoient le bout armé d'un gros fer quarré, long de trois pieds & très-pointu, qu'on enveloppoit d'étoupes trempées dans l'huile, & enduites de foufre, de poix-réfine & de goudron qu'on lançoit toutes enflammées. Les Romains qui faifoient ufage de ces gros traits, les décochoient avec une efpece de catapulte-balifte. Le principe des forces mouvantes de ces baliftes, eft le même que celui de l'arbalêtre *c* & celui de l'arc ordinaire *d*. On violente les branches de la balifte *e*, *f*, à l'aide d'un moulinet *g*, pour ramener la corde qui y eft attachée au point qui embraffe la tête du javelot. Enfuite par le moyen de la détente, les bras de la machine fe reportant avec rapidité à leur place, entraînent la corde, qui par fon élafticité lançoit le javelot quelquefois à plus de cinq cens pas. Les Grecs & les Romains avoient, dit Vitruve, des baliftes portées fur une charpente à quatre roues *h*, où il y avoit un timon *i*, par le fecours duquel on les dirigeoit fuivant la nature du terrein & la hauteur des tours où l'on vouloit atteindre. Telle eft la balifte que Perrault a tracée d'après les mémoires de l'Architecte Veronois, & dont nous expofons ici la repréfentation *k*, *l*, en avouant de bonne foi que Perrault & Vitruve nous ont paru fi inintelligibles dans la defcription qu'ils ont donnée de cette machine, que nous préférons de paffer leur explication fous filence, plutôt que de la donner d'une maniere peu fatisfaifante pour le lecteur.

Planche XI.

De toutes les machines de guerre dont fe fervoient les Anciens, les chars armés de faulx *a* étoient les plus meurtrieres. Ce n'étoient d'abord que de riches voitures bien attelées *b* où montoient les Officiers de distinction , avec un Ecuyer , & du haut desquelles ils combattoient & perçoient les bataillons. Dans la suite on les arma au moyeu *c* & à l'essieu des roues *d*, de lames aigues & tranchantes qui tailloient en pieces tout ce qu'elles rencontroient. Pour perfectionnner ces chars & les rendre plus terribles , Cyrus, au rapport de Xenophon , en fit les roues plus fortes, alongea les essieux qu'il arma de longues faulx disposées horisontalement *e* , & en dessous en mit d'autres tournées contre terre *f, g, h* pour accrocher & hacher en pieces les hommes & les chevaux que l'impétuosité des chars avoient renversés. Des Historiens nous apprennent , que depuis Cyrus on ajouta encore au bout du timon de longues pointes de fer *i* pour percer tout ce qui se présentoit , & qu'on hérissa le derriere de la voiture de plusieurs rangs de lames aigues & tranchantes pour empêcher d'y monter. Ces machines effrayantes furent d'usage pendant plusieurs siecles, jusqu'à ce que l'art de la guerre ayant trouvé les moyens de les rendre inutiles & même d'en tourner les efforts contre ceux qui s'en servoient, on fut contraint d'y renoncer entierement.

P L A N C H E   X I I.

CERTAINS Auteurs prétendent , que ni les Grecs ni les Romains n'ont jamais fait usage des chars armés de faulx; mais c'est à tort qu'ils soutiennent cette erreur. Madame Dacier s'étonne de ce que les Grecs s'en sont servis si long-tems. Il est vrai que les Romains n'en faisoient pas grand cas; & que lorsqu'ils en voyoient venir , ils se rangeoient pour leur donner passage, en disant d'un ton mocqueur : *à d'autres.* Quoi qu'il en soit, sans discuter si les chars armés de faulx que le Brun a introduits dans la bataille d'Arbele , & dont nous retraçons ici des fragmens *a , b , c,* appartiennent à Alexandre ou à Darius , nous ajouterons à ce que nous avons déja dit de ces machines de guerre , qu'outre les faulx attachées aux différentes pieces des chars , il y en avoit de traînantes *d, e,* qui n'y tenoient que par des chaînes , & qui coupoient en pieces tout ce qui se rencontroit sous leur tranchant. On atteloit à ces chariots effrayans de vigoureux chevaux , que souvent on caparaçonnoit *f* ; mais ils étoient assaillis de

tant de traits , que malgré ces précautions ils tomboient bientôt à de-
mi-morts, & rendoient non-feulement la machine inutile, mais encore,
ainfi que nous venons de le dire , ils en tournoient les efforts contr'eux-mêmes, contre leurs conducteurs & contre ceux qui les em-
ployoient(*). Les Anciens ont connu le ftratagême des chauffetrapes,&
les ont quelquefois employées avec fuccès contre la cavalerie de leurs
ennemis. Les petites *g* qu'on femoit dans un champ & qu'on cachoit
fous l'herbe , étoient les plus dangereufes : ceux qui ne fe doutoient pas
du piege , manquoient rarement d'y être pris & de voir leurs chevaux
encloués s'abattre à l'inftant fans pouvoir fe relever, & être fubite-
ment réduits hors de combat. Les grandes chauffetrapes qu'on jettoit
en des lieux labourés *h* ou parmi des fables , n'étoient pas hériffées de
tant de pointes , & on les appercevoit plus aifément. Pour cette rai-
fon elles ne fermoient que bien rarement les paffages à la cavalerie.
Des quatre feules pointes qu'elles avoient , trois pofoient toujours par
terre , & les cavaliers fe garantiffoient fans peine de la quatrieme qui
s'élevoit perpendiculairement. Auffi cette rufe de guerre n'eut-elle pas
un grand fuccès , même chez les Anciens; & les Modernes n'en firent
jamais ni beaucoup de cas , ni d'ufage.

(*) Au rapport que font les Hiftoriens , de la quantité de chariots de guerre, que
divers Rois idolâtres employerent contre le Peuple de Dieu , on eft tenté de croire
qu'il n'y a pas eu d'armées plus redoutables , par le nombre des chars armés de faulx,
que celles de ces Princes. On change de façon de penfer quand on confidere, que la plupart des chariots de guerre fervoient alors de monture aux Militaires de diftinction , &
que chaque Officier en avoit plufieurs à fon fervice. Les Perfes & les Médes ont été
fans contredit les Peuples les plus puiffants, non - feulement en chariots de guerre , mais
encore en chars armés de faulx. Xenophon , Diodore de Sicile, Plutarque rapportent
qu'à la bataille de Cunaxa , où Cyrus combattoit contre Artaxerxès fon frere, les Grecs au-
xiliaires de Cyrus , n'avoient à la vérité que 20 de ces machines terribles ; mais que
tout le devant de l'armée en étoit couvert ; & qu'Artaxerxès en avoit 150. Quinte-Curfe
raconte que Darius en avoit amené 200 contre l'armée d'Alexandre. Eft-il de Peuple qui
en ait jamais tant armé ?

Fin du Treizieme Cahier.

H.
G.
A.
B.
C.
F.
E.
D.

A
D
B
C
F
K
E
G
I
H

A.
B.
A.
C.
F.
L. ROI
D.
E.
G.
H.

C.
B.
D.
A.
F.
E.

D.
E.
F.
A.
G.
B.
H.

Pl. VII.
B.
C.
D.
G.
E.
F.
H.
I.

H
.D.
.E.
F
.A.
.B.
G
C

3.Cer
Pl. IX.
K
O
E
H F
A
G
I
D
C
M
N
B
L
C
G
I
P

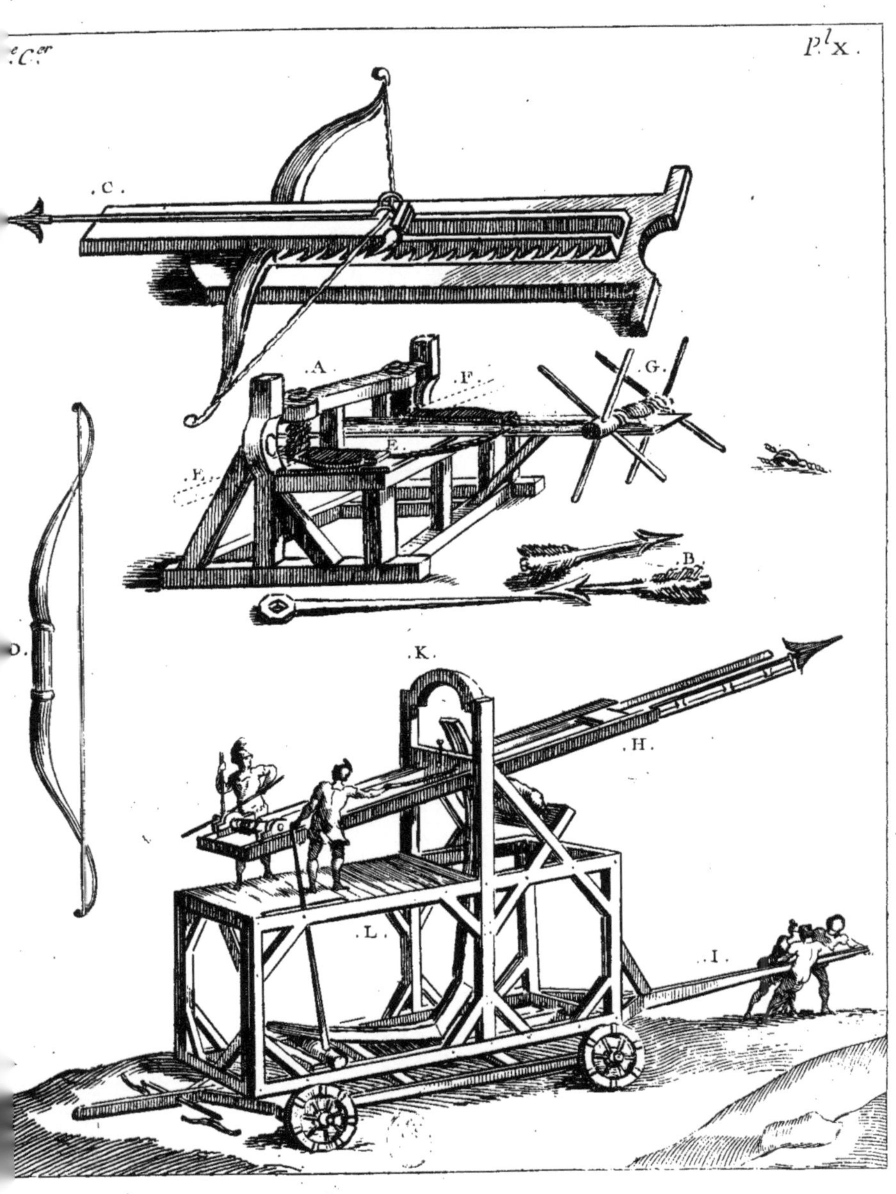
.C.
.A.
.F.
.G.
.E.
.H.
.B.
.D.
.K.
.L.
.I.
.H.

A.
H.
D.
G.
D.
I.
B.
C.
F.

Pl. XII.
A.
B.
C.
D.
E.
F.
H.
H.

COSTUME
DES GRECS ET DES ROMAINS.

PREMIERE PARTIE.
USAGES MILITAIRES.
QUATORZIEME CAHIER. *PLANCHE I.*

LES Grecs & les Romains ont ignoré long-tems l'art de la marine : dès qu'ils en connurent les avantages, ils ne tarderent pas à le perfectionner. Ils conftruifirent des vaiffeaux de toute efpece, de toute forte de forme *a*, *b*, *c*, pour le commerce, pour la guerre, à voiles & à rames. Ils en firent à deux, à trois rangs de rameurs placés fur différens ponts du navire ; c'eft ce qu'on nomma *Bireme a*, *d*, & *Trireme b*, *e*. Il y en avoit quantité d'autres plus nombreux en rameurs (*) ; mais ils étoient plutôt pour la parade, difent quelques marins, que pour l'utilité ; car felon eux les matelots s'embarraffoient mutuellement dans le fervice. Cependant nous avons d'habiles conftructeurs, qui comprennent affément l'affemblage de trois rangs de rames ; & s'ils ont quelque peine à concevoir la poffibilité d'un plus grand nombre, c'eft qu'ils ignorent quelle étoit la forme & la hauteur du pont des vaiffeaux des Anciens. A l'égard de l'embarras que devoit caufer cette multiplicité de travailleurs, confidérons que d'un feul coup de fifflet, le nocher fait agir en un même inftant deux ou trois cent matelots, foit à la rame, foit aux cordages, foit aux voiles, ou à autre manœuvre quelconque.

---

* Montfaucon parle d'un vaiffeau à huit rangs de rames. Chaque rang, dit-il, étoit compof de cent rameurs ; en forte que l'on comptoit huit cent rameurs d'un côté, & feize cent en tout, *Pag.* 225 *du T. IV, II Part.*

O

Faifons réflexion que, par le fignal d'un fimple bâton de mefure, le Muficien conduit cent joueurs d'inftrumens, quatre-vingt voix, quarante danfeurs, & autant de machiniftes, dans un efpace à peine capable de les contenir ; & que tous, fans fe nuire, fe réuniffent à un feul point pour le même objet. Un Capitaine qui fait faire l'exercice à une Compagnie de cent cinquante hommes, par le feul fignal de fa baguette, ne réduit-il pas à un point d'uniformité tous les mouvemens, toutes les évolutions des Soldats? Il ne doit donc pas paroître hors de la vraifemblance, qu'à force d'adreffe, d'arrangement & de bonne police, fous la direction d'un Chef intelligent (*), deux cent rameurs puiffent manœuvrer dans un grand navire fans s'embarraffer ; il fuffit de les arranger fur divers plans & en échiquier; de forte que les plus élevés rempliffent les vuides de ceux qui font placés fur des rangs plus bas. Quoi qu'il en foit, il eft plus décent d'ajouter foi à cette pratique, bien qu'elle paroiffe prefque incroyable, que de démentir toute l'antiquité. Ce qu'on ne contefte point, c'eft que les triremes étoient tellement d'ufage chez les Anciens, qu'on donnoit ce nom à tous les vaiffeaux de guerre, fans en déterminer la grandeur, ni le nombre de rangs de rames, & que les Grecs le donnoient même à de petits bateaux à trois rames qui ne pouvoient contenir que cinq hommes chacun; c'eft Plutarque qui nous l'attefte dans la vie de Théfée.

Planche II.

On joignit bientôt les décorations à la folidité des bâtimens. Les poupes *a* furent ornées d'apleftres *b*, *b*, de chenifques *c*, de giroflettes ; & les proues *d* furent armées d'éperons *e*. (Nous allons en voir les détails dans les Planches fuivantes.) La guérite du Commandant *f* fut

---

(*) Au rapport de Plutarque, Callipede, Acteur tragique, portant le cothurne, & vêtu de fes habits de théâtre, gouvernoit au fon de fa voix la manœuvre des rameurs. Au défaut de ce Maitre, ils avoient au milieu d'eux un homme qui les commandoit, & les dreffoit à fe retirer tous en même tems en arriere en ramenant la rame, à fe courber en la pouffant, & à ceffer de ramer en un inftant au premier ordre. Arrien ajoute : c'étoit une chofe admirable d'entendre le bruit de la mer, lorfque dans le même tems un auffi grand nombre de matelots relevoient & plongeoient leurs rames à la fois. Les forçats de nos galeres produifent à peu près le même effet.

enrichie de fculpture; & pour lui rappeller la prudence & la vigilance
fi néceffaires aux Chefs, on plaça à chaque bout du vaiffeau, dans les
panneaux de la galerie, un œil ouvert *g*. On donna à chaque navire
un gouvernail, affemblage de pieces de bois en forme de grande rame *h*
qu'on mettoit à l'arriere du vaiffeau, & qui divifant les vagues en les
jettant à droite & à gauche felon le mouvement du timonnier, fervoit à la conduite du bâtiment. Le gouvernail grouppé avec deux rames *i* étoit un fignal des Syracufins. Remarquons ici la place du chenifque, celle de l'apleftre, & l'ufage de cet ornement que plufieurs
Ecrivains ont pris pour une girouette, & qui fervoit d'ordinaire à fufpendre ce qu'on vouloit tranfporter *k*. Quand on ne mettoit pas l'œil
ouvert aux panneaux de la proue, on le plaçoit à l'éperon même *l*.
Ce refte de tête de fanglier *m* a fervi au vaiffeau d'un célebre marin
Vénitien. On le conferve dans l'arfenal de la République ; nous l'af-
focions avec des cordages *n* qui font partie des agrèts d'un vaiffeau.

PLANCHE III.

Les apleftres, les éperons & les voiles étoient plus ou moins riches, felon que le navire étoit plus ou moins décoré. Les peintures,
les dorures, ni les fculptures n'y furent point oubliées. Dans les premiers tems les voiles étoient faites de peaux & de cuirs préparés fort
minces : ce n'eft pas qu'on ne connût alors l'ufage du chanvre & du
lin ; mais on ne croyoit pas que la toile pût réfifter à la violence des
orages & des tempêtes. Les voiles que les Gaulois avoient à leur flotte
quand ils l'armerent contre Jules Cefar, n'étoient que de joncs ou de
cuir : les Habitans de l'Ifle Borneo en ont encore aujourd'hui de femblables. Dans la fuite on fit ufage de toiles ; & les voiles étoient d'un
blanc jaunâtre, de la couleur du chanvre & du lin ; mais on les peignoit
auffi de différentes couleurs, & fur-tout de pourpre, d'hyacinte & de
verd (*). Il y avoit des Chefs d'efcadre qui portoient au plus haut degré

(*) Végece fait mention de bâtimens légers dont les Romains fe fervoient pour aller à la
découverte ; on obfervoit que les voiles, les cordages, le bâtiment même, & jufqu'aux habits des gens de l'équipage fuffent de couleur vert-de-mer, afin qu'on ne les apperçût que
difficilement.

O ij

le luxe & la magnificence dans leurs équipages maritimes : Cléopatre leur en donna l'exemple. Les voiles du navire de cette Reine, quand elle s'embarqua fur le Cidnus pour venir auprès d'Antoine, étoient de pourpre, & répondoient parfaitement à la fomptuofité du vaiffeau. La proue *a*, l'apleftre *i, b*, la fyrene *c*, tous les ornemens étoient d'or ; le gouvernail & les rames étoient d'argent. Le double éperon formé de deux têtes de bélier *c* étoit d'un acier poli qui brilloit comme le diamant ; l'ancre *d* étoit de même. Le mât & le gouvenail de bois de cedre *k* répandoient dans les airs de fuaves odeurs, ainfi que les banderoles qui étoient de riches étoffes de foie parfumées *e*. Enfin tout fe reffentoit dans ce bâtiment du caractere & du luxe de la Reine d'Egypte. Les Affyriens, les Carthaginois, les Grecs même, en certain tems, ne furent pas fi riches dans la décoration de leurs flottes. Leurs navires n'étoient fouvent diftingués que par le pavillon national fur lequel on fe contentoit de broder en or le nom du Commandant *f, g*. Plufieurs Auteurs affurent même qu'ils étoient très-petits & fi peu confidérables, qu'à la fin de l'été on les mettoit en bottes, & on les enfermoit jufqu'au printems, avec autant de foin que nous confervons nos orangers pendant l'hyver (*). On produit ici un gouvernail *h* qu'on

---

(*) On raconte à ce propos que Semiramis faifoit défaffembler fes vaiffeaux, & qu'on les portoit ainfi dans des magafins fur le dos des chameaux. Au triomphe de Duillius on traînoit devant fon char, dans les rues de Rome, les navires qu'il avoit pris aux Carthaginois. Cornelius Nepos, parlant du port de Pirée où Thémiftocle fit tranfporter la marine des Grecs, dit qu'il y avoit dans ce port de petites loges qu'on bâtiffoit exprès pour y mettre les vaiffeaux à couvert, & que chacune de ces loges en contenoit un, & quelque fois deux. Tant de particularités concourent à donner une bien petite idée de la grandeur de ces navires anciens. Cependant les Romains avoient une marine affez nombreufe. Polybe rapporte, que dans la flotte contre les Carthaginois, Duillius avoit trois cens trente vaiffeaux ou galeres, dont cent étoient à cinq rangs de rames, & chacune avoit trois cens rameurs. Pompée, dans la guerre civile, eut jufqu'à fix cens navires. Marc-Antoine, à la bataille d'Actium contre Augufte, eut une armée navale de cinq cens bâtimens, dont huit étoient à dix rangs de rames. Après les guerres civiles Augufte entretint trois armées de mer en Italie, & l'Empereur Adrien eut jufqu'à deux mille bâtimens légers & quinze cens navires à trois & à cinq rangs de rames. Ne foyons point étonnés de ces diverfités, en apparence contradictoires, dans la marine des Anciens. Les tems, les circonftances, les intérêts différens des Nations & des Empires ont dû les occafionner. D'ailleurs la marine & la navigation, comme les autres fciences, ont eu chez la plupart des Peuples des commencemens plus ou moins tardifs ou rapides : ce n'eft guere que par des progrès prefque infenfibles qu'on les a portées à leur perfection.

croit avoir servi à un vaisseau Etrusque. Ceux qui voudront ajouter
foi à cette anecdote, doivent supposer que les marins de nos jours
ont emprunté cette forme de gouvernail des peuples d'Etrurie.

PLANCHE IV.

LES aplestres *a*, les chenisques *b* & les girouettes *c* étoient les principaux ornemens de la poupe des vaisseaux. On appelloit aplestres des
planches découpées circulairement & enrichies de légeres sculptures ;
des Auteurs les ont prises pour la flamme du vaisseau, quoiqu'elles en
soient très-différentes ; d'autres pour de simples girouettes qui servoient
à connoître le vent ; ainsi que ces autres pieces de bois plus légeres encore, où l'on voit le buste du Commandant *d*, & qui paroissent très-
propres à pareil usage. On produit ici les aplestres, les rames *e,e* des fameux vaisseaux de Ptolomée-Philopator, Roi d'Egypte, & d'Hieron,
Roi de Syracuse, qui au rapport des Historiens étoient d'une grandeur
& d'une beauté inconcevables ; au-dessus sont les différentes poulies
dont on y faisoit usage. La troisieme aplestre *f* appartient à ce qu'on
croit au navire de Demetrius, dont on raconte, que malgré sa grandeur énorme il étoit d'une extrême agilité. Nous l'avons extraite du
grouppe de la renommée qu'on voit aux Tuilleries à gauche du pont
tournant. Les chenisques étoient des têtes d'oie, de cigne, ou de quelque oiseau à gros bec & à col recourbé. Ces becs d'oiseaux faisoient
nommer les navires *rostres* du latin *rostra* qui signifie *becs* (*). Dans quel-
quelques bâtimens, l'ancre *g* n'avoit pas de doubles pattes arquées,
comme la plupart de celles de tous les vaisseaux de ce tems ; mais la
flamme *h* étoit toujours la même que celle des débanderoles ordinaires
qu'on plaçoit au haut du grand mât ; & par-tout on employoit pour
la manœuvre les mêmes cordages & les trois différentes sortes de poulies
i, *k*, *l* dont on s'est servi de tout tems pour manœuvrer dans les vaisseaux.

(*) La tribune aux harangues qu'on voyoit dans l'endroit du *Forum* à Rome, étoit ornée
d'une partie des prones de galere prises sur les Antiates dans la guerre que les Romains eurent contr'eux ; ce qui insinue que ces becs d'oiseaux qui dans les vaisseaux des Romains étoient
à la poupe, avoient leur place à la proue dans les galeres des Antiates. On nommoit colonnes
rostrales, celles qu'on élevoit en l'honneur des célebres marins. Nous avons fait mention à
la Pl. VIII du neuvieme Cahier, de celle que les Romains érigerent à Duillius.

PLANCHE V.

LES éperons, principales armes offenfives des navires, faifoient l'ornement & la force des proues. Ils étoient formés, tantôt d'une maffe
d'épées *a* qui fortoit bien avant de la carene, tantôt d'une tête de
fanglier *b* ou autre animal fauvage *c*, & tantôt de focs pointus *d* capables, comme les autres éperons, d'éventrer & de fracaffer les vaiffeaux ennemis. Quelquefois on mettoit deux éperons à la proue, afin
que le fecond achevât de détruire ce que le premier n'avoit fait qu'en-
tamer. Nous en avous vu la pratique ci-devant, Pl. III. Voilà l'exemple des becs d'oifeau placés à la proue *e*, comme nous avons remarqué
dans la derniere note, qu'ils pouvoient l'être aux galeres des Antiates.
Annibal Carache a hafardé d'en placer un de la forte dans la galerie
qu'il a peinte à Boulogne dans les falles du Signor Alexandro Fava;
apparemment cela fe pratiquoit chez les Romains dans le tems où ils
mettoient double gouvernail à la poupe & à la proue des vaiffeaux,
afin de pouvoir aller en arriere comme en avant fans revirer de bord.
Les hunes *f* étoient des parties des vaiffeaux bien importantes : elles
formoient une efpece de balcon circulaire fitué prefqu'au fommet des
grands mâts, qui pouvoit contenir plufieurs hommes. C'eft delà que
les Soldats découvroient au loin, & obfervoient les manœuvres des
ennemis, & qu'ils pouvoient de près, fans courir aucun rifque, faire
pleuvoir fur eux une grêle de traits *g*.

PLANCHE VI.

CE que nous préfentons ici eft une efpece de récapitulation d'objets déja mentionnés, mais enrichis par le génie de Pietro de Cortone,
qui fans fortir pour ainfi dire des plans que lui a fourni l'antique, n'a
fait qu'y ajouter les formes dont il les a trouvés fufceptibles. Semblable au Traducteur libre, qui, fans fe rendre efclave du fens littéral de
fon modele, faifit l'efprit, la clarté, la force, l'ordre de fes penfées,
& les rend d'une maniere plus élégante, l'artifte ingénieux, par fon
adreffe laiffe à douter, fi dans ces ouvrages prefque de fimple imitation,

il ne mérite pas autant le titre d'Auteur original, que celui de hardi Traducteur. Les éperons à épées *a* , *b* , & à focs de charrues , *c* , *d*, le chenifque *e* , l'ancre *f*, le clairon *g* que nous avons extraits d'après la galerie du Duc de Tofcane peinte à Florence , appartiennent indubitablement à l'antique ; mais le peintre Italien ne fe les eft-il pas appropriés par la façon noble, large & élégante dont il les a reproduits ? Raphaël, Pouffin, le Brun, le Sueur, &c. s'approprierent ainfi plufieurs idées de l'antique. On pourroit à bien des égards leur appliquer ce que le fameux Satyrique du fiecle paffé fouffroit fans rougir, qu'on lui reprochât ; qu'il n'étoit riche que des dépouilles des Anciens (*). On l'a reproché à plufieurs grands Maîtres ; ils ont pris les reproches pour ce qu'ils valoient. Raphaël s'eft mis à l'abri de ce blâme, fi c'en eft un, en faifant jetter dans le Tybre les morceaux antiques dont il s'étoit fervi. Ce moyen d'éviter la conviction ne l'a fauvé ni des foupçons , ni des reproches.

P L A N C H E   V I I.

Les trophées proprement dits, n'étoient autre chofe que le tronc d'un olivier ou d'un chêne fiché en terre, & chargé des dépouilles de l'ennemi *a*. D'ordinaire les Grecs & les Romains érigeoient ces fignes de victoire fur le champ même de bataille ; les uns & les autres en ont cependant élevé au milieu des Villes, des Campagnes, des Temples même. Là, on expofoit en public les dépouilles de tous les vaincus, pêle - mêle ; elles étoient néanmoins arrangées de maniere que les armures, les vêtemens, les enfeignes militaires de la principale Nation fubjuguée, & tout ce qui pouvoit la caractérifer, fût diftinctement connu au premier afpect. Ainfi Xercès, au milieu de fes Etats, & à la honte des Grecs, fit fufpendre à un palmier les cuiraffes *b*, les

(*) Defpreaux, pour faire voir qu'il n'étoit point humilié du fonnet que Saint-Pavin avoit fait contre lui, & que Cotin appuyoit de toutes fes forces, plaifante par une objection dont le ridicule retombe fur ceux qui la font. Il leur fait dire :

> Mais lui qui fait ici le régent du Parnaffe,
> N'eft qu'un gueux revêtu des dépouilles d'Horace.
> Avant lui Juvenal avoit dit en latin ,
> Qu'on eût affis à l'aife aux fermons de Cotin. *Sat. IX. à fon efprit.*

boucliers *c*, les cimeterres *d*, les signaux *e*, les béliers *f*, & les apleſtres *g*
remportées au détroit des Thermopiles. Les Romains virent avec le
même regret Annibal ériger à Carthage un trophée mêlé d'aigles *h*,
de faiſceaux *i*, d'inſcriptions de la République *k*, d'anneaux de leurs
Chevaliers *l*, & d'armes qui leur étoient particulieres *m*. Pluſieurs
ſiecles auparavant, les Troyens avoient vu avec une égale mortifica-
tion, Agamemnon étaler dans Argos l'aſſemblage de leur Palladium *n*,
de leurs caſques Phrigiens, de leurs corcelets & du fameux cheval *o*;
le tout ſurmonté d'un ſignal militaire grec *p*, & dominé par le voile
qu'il élevoit lui-même *q* pour ſe faire reconnoître de ſes troupes. A
leur tour, les Grecs & les Romains ont fait d'innombrables trophées
des dépouilles de leurs ennemis. C'eſt à ces monumens mémorables
dont le Capitole, les colonnes & les arcs de triomphe ſont dépoſi-
taires, que nous devons la connoiſſance des plus rares particularités du Coſtume des Anciens.

P L A N C H E   V I I I.

DANS les cérémonies du triomphe qu'on accordoit aux vainqueurs,
les Rois de Rome & de la Grece portoient ſur leurs caſques & ſur
leurs turbans des couronnes radiales *a*, & avoient en main un long
ſceptre d'or ou d'ivoire, ſurmonté de l'aigle Romaine *b*, ou d'une victoire *c*; les Héros étoient couronnés de laurier *d*, & portoient le
même ſceptre que les Rois. Les Généraux avoient le front ceint d'un
laurier *d*, mêlé de fils d'or. On diſtinguoit les Guerriers par le caractere de leurs exploits. La couronne de chêne *e* étoit pour celui qui avoit
ſauvé la vie à un citoyen; on donnoit la couronne murale de *gramen*
ou chiendent *f* à celui qui montoit le premier ſur les remparts d'une
Ville ennemie, & l'obſidionale *g* à ceux qui délivroient les citoyens
des horreurs d'un ſiege; celui qui avoit forcé le camp des ennemis, obtenoit la couronne d'or hériſſée de paliſſades *h*; enfin la navale *i* étoit
décernée aux chefs d'eſcadre victorieux. Le Triomphateur étoit ſouvent accompagné, quelquefois ſuivi de la ſtatue de quelque Divinité
protectrice *k*. On brûloit devant lui de l'encens *l* & des parfums *m*
dans tous les carrefours où paſſoit la pompe triomphale. C'eſt le

fameux le Brun qui nous a rappellé la plupart de ces idées dans ses batailles d'Alexandre.

PLANCHE IX.

LE char du vainqueur étoit fouvent environné d'efclaves chargés d'urnes pleines des pieces d'or & d'argent *a*, *b* enlevées à l'ennemi. On portoit de même les buftes du Souverain fubjugué ou de fon Général, quand on ne pouvoit pas fe faifir de leur perfonne pour les faire fervir au triomphe ; mais pour rendre juftice à leur valeur, quand ils s'étoient défendus en Héros, on couronnoit leur bufte de chêne ou de peuplier *c*. Sur le principal brancard qui précédoit les autres, étoient portés les vafes, les pateres, les fimpules, l'autel même, deftinés pour les facrifices qu'on offroit aux Dieux durant la marche du triomphe *d*. De jeunes héraults, parmi ces diftinctions du vainqueur, étaloient les récompenfes militaires qu'on accordoit à ceux, qui, pour ne pas mériter des couronnes, n'étoient pas moins dignes d'éloges par les traits fignalés de leur force & de leur valeur. On adjugeoit aux uns un porte-épée *e* garni en or ; aux autres une javeline *f*; à ceux - ci des braffelets *g*, un petit cornet d'or *h* ; à ceux-là un cafque *i*, un cimeterre *k*, un bouclier d'airain *l*, &c. En un mot aucun guerrier ne contribuoit au triomphe par quelque coup d'éclat, qui ne fût encouragé par quelque récompenfe.

PLANCHE X.

QUOIQUE pour l'ordinaire les chars de triomphe des Anciens fuffent ronds & bombés dans la partie antérieure, les Romains en avoient de forme quarrée en guife de petit théâtre, où l'on montoit par le côté à l'aide d'un haut gradin, & où le vainqueur fort élevé, affis fur une chaife curule, étoit parfaitement en fpectacle à tout le peuple. Tel eft le char *a* que le Brun a donné à Conftantin dans le triomphe de cet Empereur ; tel on verra le char tracé, Pl. V, cah. 29e, fur lequel André Mantinea a élevé Jules Cefar faifant fon entrée dans Rome, après le plus confidérable de fes triomphes, & montant au

Capitole à la lueur des flambeaux. On a réuni au char de Conftantin fes deux Pages *b*, *c* portant le bouclier, où fon monograme eft
empreint. Ils font vêtus précifément comme ceux que Raphaël a
donnés à Scipion dans fon entrevue avec Annibal. Cette imitation
eft faite de part & d'autre d'après les anciens bas-reliefs ; fource iné-
puifable de raretés pour les Artiftes. Voici un de ces petits chars *d* ,
où l'on tranfportoit dans des urnes les bijoux précieux , bagues , colliers , perles qu'on avoit enlevés aux femmes des vaincus *e*.

P L A N C H E X I.

Ce char *a* qu'on croit être celui que Tullie fit paffer fur le corps
de fon pere , eft dans la véritable forme des chars de triomphe ufités chez les Grecs & les Romains. A la grandeur & à la légereté
près , ils étoient femblables à ceux dont on fe fervoit aux courfes des
jeux olympiques , & dont nous avons fait mention à la Planche
VIII du quatrieme Cahier. Le contour pardevant étoit relevé en demi-
cercle , prefque jufqu'à hauteur d'appui ; enforte que le triomphateur
quelquefois de bout (*) , mais plus ordinairement affis , y étoit à
demi caché. On y montoit par derriere *b*. Les Grands & les premiers
Officiers (**) les ornerent avec magnificence ; bientôt les perfonnes
riches en couvrirent les roues d'étain argenté , & on les décora par
dégrés , de maniere que de richeffe en richeffe , on en a vu où tout
jufqu'au timon étoit garni d'or , d'argent & d'yvoire. Le fecond char *c*
eft celui que Pietro Tefte , artifte fort inftruit dans la fcience de l'antique , a prêté à Achille faifant traîner Hector autour des murs de
Troye. Dans plufieurs cérémonies triomphales & autres conjonc-
tures intéreffantes , les Auteurs des bas - reliefs antiques (***) ont
introduit la ville de Rome perfonnifiée *d* telle qu'on la préfente ici.

(*) Voyez le triomphe de Marc-Aurele, Monfau C. tom. IV, Pl. CIII.

(**) Les premiers chars qu'on fit étoient un ouvrage informe & groffier monté fur deux
roues. Les Phrygiens furent les premiers qui firent des chars à quatre roues ; les Scythes
y en mirent jufqu'à fix. A la légereté de ces voitures dans la fuite , on joignit la magnificence. Alors on les gardoit avec foin dans les familles , comme des monumens & des
titres de nobleffe.

(***) Voy. le triomphe de Tite ; l'arc de Conftantin & plufieurs bas-reliefs du Capitole
& des jardins de Medicis.

Planche XII.

L'attelage le plus ordinaire des chars de triomphe *a*, *b* étoit de quatre ou de six chevaux blancs, marchant de front, d'un pas grave, avec la fierté & la nobleſſe convenables à la dignité de la cérémonie. Cependant l'uniformité apparente de leurs mouvemens, ne laiſſoit rien à deſirer du côté de cette variété & de ce contraſte d'actions que les artiſtes exigent des objets animés. Que ceux, qui échauffés par le feu de l'enthouſiaſme, trouveroient les quatre chevaux du char de Tite *d* conçus dans ces principes de froideur qu'on reproche ſouvent mal à propos à l'antique, conſiderent que la majeſté de la pompe demande que les courſiers d'un triomphateur ſoient dans ce caractere de noble ſimplicité qui les diſtingue des chevaux attelés à un char ordinaire, & qu'ils ſe rappellent, que conformément aux mœurs de la Nation, les chevaux Romains dans leur marche ne ſe livrent que bien rarement à l'impétuoſité & à la fougue. Le ſéjuge (*) des Empereurs Severe & Caracalla *e* que pluſieurs croient appartenir à Tite & Veſpaſien, eſt conſtruit dans les mêmes regles que le char que l'antique donne à l'Empereur Titus *d*. Il offre de plus la forme des chars de triomphe circulaires & bombés par devant; la façon dont les chevaux y étoient attelés ſans ſecours de timon, & de quelle maniere les Héros s'y plaçoient & dirigoient eux-mêmes les rênes de leurs courſiers. Les Poëtes ont feint que la victoire adoſſée à la piramide de l'immortalité *f*, attendoit les triomphateurs au paſſage, pour leur offrir des palmes & des lauriers. On réaliſoit ſouvent cette idée; mais les pyramides qu'on conſtruiſoit dans ces occaſions, ainſi que la figure de la Victoire,

---

(*) On nommoit ainſi les chars de triomphe attelés de ſix chevaux. Tous ces chars étoient en général conſtruits avec goût, décorés avec magnificence, ſuperbement attelés; mais ce n'étoient que des eſpeces de caiſſes fixées ſur des brancards, ſans reſſorts & ſans ſoupleſſe. Un Auteur rapporte que dans le triomphe d'Aurelien, Zenobie parut la premiere ſur un char commodément ſuſpendu. La voiture de la Reine de Palmire ne fit aucune ſenſation ſur l'eſprit des Romains: tant la force de l'habitude prévaut ſur le meilleur exemple. Ils continuerent à faire uſage de leurs chars roides & fatiguans; & le ſeul moyen qu'ils prirent pour en éviter l'incommodité, ſur-tout dans les grands voyages, fut de leur ſubſtituer des litieres portées par des chevaux ou par des mulets.

étoient factices ; elles ne fervoient que dans la cérémonie du triomphe; & après la fête, on enfermoit dans les magafins du Capitole les char- pentes & les objets de relief, moulés en carton fondu , dont la déco- ration étoit compofée. Telles on vit les colonnes Trajane & Antonine furmontées des figures de Saint·Louis & de Charlemagne , que le Cardinal de Polignac fit élever à Rome aux deux extrêmités de la place Navonne , à l'occafion de la naiffance de feu Monfeigneur le Dauphin. Ces colonnes , moulées fur celles de Trajan & d'Antonin , & formées, ainfi que les ftatues des Rois de France , de la même ma- niere que les décorations triomphales des Empereurs, préfentoient un fpectacle fi intéreffant & fi héroïque, qu'il excita la jaloufie des Ro- mains , jufqu'à leur faire dire, même en admirant la beauté des ou- vrages : *Belli , fi ; ma fono di carta.* Le bon mot eft malin ; mais il n'empêcha pas que le Cardinal de Polignac ne reçût des Nationnaux & des Étrangers, les éloges, les honneurs , & ne fût comblé de la part des Romains les plus judicieux, de toute la gloire que la fublimité de fon idée méritoit.

Fin du quatorzieme Cahier.

D.
A.
C.
B.
E.

B.
C.
A.
G.
H.
B.
F.
K.
I.
L.
D.
M.
N.
E.
Pl. II.

F.
le. DUILLIUS
CON·ROM
E.
G.
CORINTHIAE
D.
B.
I.
C.
A.
K.
H.

.I.
.K.
.L.
.E.
.F.
.H.
.D.
.C.
.B.
.D.
.A.
.C.
.E.
.A.
.G.

B.
A.
C.
E.
G.
F.
D.
D.

.A.
.E.
.B.
.D.
.C.
Pl. VI.
.G.
.F.

A.
D.
C.
B.
E.
G.
F.
C.
P.
O.
Q.
N.
I.
H.
K.
L.
M.

.C.
.D.
.D.
.A.
.A.
.G.
.E.
.D.
.F.
.I.
.H.
.B.
.K.
.L.
.M.

A.
E.
F.
B.
D.
G.
K.
C.
H.
I.
L.

A
B
C
D
E

A.
B.
C.
D.

A.
B.
C.
D.
E.
F.
TITO
&
VESPAS

COSTUME

DES GRECS ET DES ROMAINS.

PREMIERE PARTIE.

USAGES MILITAIRES.

QUINZIEME CAHIER. *PLANCHE I.*

CETTE feuille offre un char de triomphe du ſtyle grec *a*. Il n'eſt pas bombé par devant, & ſon ceintre n'eſt pas auſſi régulier que ce-lui des chars Romains ; mais il eſt en général plus riche , tant en or-nemens ſculptés , qu'en figures : la principale repréſente une victoire *b*, tenant dans ſes mains la tablette où doit être inſcrit le nom du triom-phateur. Alexandre avoit deſtiné ce char pour la cérémonie de ſon en-trée dans Babylone ; mais Epheſtion l'ayant beaucoup loué , le Prince lui en fit préſent , & ſe ſervit d'un ſecond que Lyſippe avoit conſtruit pour la même pompe triomphale. Les Grecs , ainſi que les Romains , faiſoient paſſer en revue, ſous les yeux du peuple, les dépouilles de l'en-nemi , entaſſées dans de longs charriots *c*, *c*; béliers *d*, carquois *e*, lan-ces *f*, *f*, haches *g*, boucliers *h*, cimeterres *i*, caſques *k*, la plupart d'a-cier , d'airain ou de fer, tous y étoient jettés pêle - mêle ; & ſe froiſ-ſant les uns contre les autres, formoient, dans le tranſport, un clique-tis militaire qui réjouiſſoit la populace, & en augmentoit le con-cours.

PLANCHE II.

LES chars qui furent originairement inventés pour la vie civile , & qui ne furent employés que bien des ſiecles après , pour la guerre

P

& les triomphes, ont toujours confervé leur premiere deftination, & n'ont fait que changer leur nom en celui de voitures & d'équipages. Ce changement a été l'époque de la magnificence que leur ont prêtée dans la fuite le luxe des Nations & le fafte des Courtifans. On a agrandi ces voitures domeftiques ; on les a décorées, enrichies de telle forte, que celles qui fervoient tout au plus de litieres portées à dos de mulets pour tranfporter modeftement un citoyen à fa campagne (*), furent bientôt transformées en voitures fomptueufes, montées fur quatre roues à effieux dorés, attelées de chevaux fringans, & conf-truites comme des chars de triomphe affez grands pour contenir la fa-mille entiere du plus noble & du plus riche des Patriciens : témoin le magnifique équipage de Metellus *a*, que le Bourdon a peint dans un tableau, où ce pieux Magiftrat eft repréfenté faifant mettre pied à terre à toute fa famille pour placer dans fon char les Veftales qui s'enfuyoient avec le Palladium, fauvé par leurs foins de l'incendie du temple de Vefta. Il paroît cependant que cette magnificence exceffive diminua beaucoup chez les particuliers fous le regne des Empereurs qui feuls vouloient avoir droit de briller par le plus grand fafte. Plu-fieurs des chars que nous avons expofés précédemment, ceux dont nous allons faire mention, & celui du triomphe de Trajan *b*, que nous plaçons ici, en offrent la preuve complette. Ne pourroit-on pas pré-fumer que fous le regne de ce Prince, les Empereurs fe piquoient un peu moins de magnificence dans leurs voitures ?

PLANCHE III.

LES Grecs & les Romains faifoient fervir les éléphans *a* (**) à la fomptuofité des triomphes, foit qu'il les attelaffent au char du héros, ou qu'ils les chargeaffent des armes, des dépouilles de l'ennemi, foit qu'il les employaffent à tranfporter les Miniftres, les inftrumens de

---

(*) Ces litieres étoient fouvent portées par des efclaves, comme on peut voir dans Plu-tarque en la vie de Ciceron, qui commenda à fes domeftiques de pofer fa litiere, lorfque Herennius qui le cherchoit par l'ordre de Marc-Antoine pour lui ôter la vie, l'eut atteint.

(**) Nous nous propofons de faire quelques obfervations fur cet animal au trentieme & dernier Cahier.

facrifice , ou autres objets néceffaires à la fête. Pompée fit atteler des éléphans à fon char de triomphe. Alexandre fit fon entrée à Babylone (*) dans un char traîné par des éléphans. Sur le dos *b, c* de ces monf-trueux quadrupedes , enlevés à Porus , étoient deux jeunes neocres *d* affis à l'endroit du joug (**) *e* ; l'un faifoit brûler l'encens *f* devant le triomphateur ; l'autre répandoit des fleurs *g* fur fes pas , tandis que des licitines *h, i* annonçoient fa marche au bruit de la trompette & du clairon. L'enfeigne de la Nation *k* voltigeoit au tour du char , & les trépieds brûlans *l, m* parfumoient de fuaves odeurs tous les en-droits de fon paffage. A côté du Héros vainqueur, des Pages (***) *n* portoient fon cafque *o*, fon bouclier *p*, & fon épée de combat *q*.

P l a n c h e   I V.

Dans le triomphe de Cefar peint par André Mantinea , quarante éléphans richement ajuftés forment au Diftateur viftorieux un cor-tege magnifique. Des étoffes précieufes ornées de broderies , de fran-ges & de glands d'or font leur houffe *a*, & leur efpece de bavette ou de tablier d'où pend une fonnette d'argent *b* ; leurs énormes oreilles font garnies de chaînes & de grelots d'or *c*. Ils ont pour coëffure des tétieres de peau de dain *d, d*, propres à fixer fur leur tête des corbeilles pleines de fleurs *e*. De jeunes Camilles font affis fur le dos des qua-drupedes , portent la palme du Triomphateur , les maillets , les inf-trumens de facrifice *f*, & prennent fo n des candelabres *g* à la lueur defquels le héros Romain va monter au Capitole. Des plantes *h* & des animaux des pays conquis *i* font attachés par un cordon de foie aux oreilles des éléphans. Le Brun faifoit grand cas de cette colleftion pit-torefque d'André Mantinea. Elle eft compofée d'une fuite de neuf feuilles , qui par la variété des objets qu'elles contiennent , peuvent

---

(*) Tableau peint par le Brun, à la fuite des batailles d'Alexandre.

(**) Le joug des éléphans étoit une piece de bois en forme d'arc à deux courbures qui les contenoit par le col, & aux bouts de laquelle pendoient prefque jufqu'à terre des doubles rubans noués par diftance, qui fervoient d'échelle pour monter fur leur dos. Voyez Pl. VII du trentieme Cahier.

(***) Ce font ici les Pages dont nous avons comparé les vêtemens , Pl. X du quatrieme Cahier , à ceux des Pages de Conftantin , & ceux-là aux ajuftemens des Pages de Scipion.

être d'une très-grande utilité pour fuggérer des idées relatives au Coſtume d'une infinité de peuples que Jules Cefar avoit fubjugués. On conſeille aux jeunes artiſtes de ſe procurer, quand ils le pourront, un Recueil ſi confidérable : on le trouve à Rome plus aiſément qu'à Paris.

PLANCHE V.

LE ſpeſtacle des pompes triomphales étoit auſſi flatteur qu'intéreſſant pour les peuples victorieux. On expoſoit à leurs regards fur de larges écritaux *a* les noms des Nations fubjuguées & des Royaumes conquis. Ces eſpeces de tableaux étoient élevés au haut d'une forte de mât *b*, & fixés au milieu d'un charriot, fur lequel on plaçoit dans des urnes précieuſes *c*, l'or monnoyé, les bijoux, les riches voiles *c* enlevés à l'ennemi. Sur ce même char étoit enchaîné au pied du mât le buſte perſonnifié de la principale fortereſſe foumiſe *d*, & autour de ce buſte s'élevoient en guiſe de fignaux militaires les images en relief de bois doré, de cire, ou même d'argent, des places & des villes qui avoient fait la plus forte réſiſtance *e, e* : tous ces buſtes ſymboliques étoient coëffés de tours & de crénaux, la plupart à demi briſés. Au milieu de ces témoignages authentiques de la victoire flottoit l'étendard de la Nation, furmonté du portrait du Général *f.* On arboroit les fignaux caractériſtiques du peuple triomphant *g*, les deviſes honorables au vainqueur *h*, les aromates, les parfums qu'on brûloit en fon honneur dans les falots *i, k*, dont on éclairoit fon triomphe, quelquefois bien avant dans la nuit ; enfin tant que duroient ces fêtes (*), on expoſoit

---

(*) Le triomphe de Céfar dura quinze jours ; celui de Paul Emile en dura trois. Les jours deſtinés à ces ſolemnités étoient célébrés avec les plus grandes marques de joie. A la pompe triomphale de Q. Cincinnatus il y avoit devant toutes les maiſons des tables garnies de mets & de liqueurs, où les ſoldats alloient ſe rafraîchir en paſſant. A celle de Scipion l'Africain, les temples ornés de couronnes & de guirlandes de fleurs étoient ouverts : l'encens & les aromates qu'on y brûloit au milieu d'innombrables ſacrifices, les rempliſſoient des plus agréables odeurs. Au triomphe de Pompée il y avoit dans toutes les places & les rues deſtinées au paſſage de la cérémonie des amphithéâtres, où les Citoyens vêtus de robes blanches, ſymbole d'allégreſſe, s'empreſſoient de ſe placer. Dans toutes ces fêtes, on portoit à la ſuite du triomphateur, les vaſes, les flûtes, les tableaux, les raretés fingulieres & les plus brillantes richeſſes qu'on avoit emportées de tous les pays fubjugués.

faftueufement aux yeux du Peuple & des Grands, tout ce qui pouvoit exciter leur curiofité, flatter leur ambition pour les conquêtes,
leur amour pour les fpectacles héroïques, & leur goût pour les
plus précieufes raretés.

PLANCHE VI.

LES Romains ne fe contentoient pas d'illuftrer les héros en leur
accordant le triomphe, & de les élever par cette diftinction au-deffus
des autres mortels ; ils les plaçoient au rang des Dieux par les honneurs de l'apothéofe (*). Les fymboles de la déificaton les plus connus font des aigles portant le héros au fein de l'Olympe : telles l'antique nous a tranfmis les apothéofes de Germanicus *a* & de Claude *b*.
La premiere eft toute fimple & conforme à l'idée qu'on a des vertus
de l'époux d'Agrippine : un aigle *e* le porte aux Cieux. L'autre plus
compliquée tient moins de la vérité que de la flatterie. L'imbécile Empereur, coëffé d'une forte de couronne radiale *d* eft fur le dos d'un aigle *e* qui tient dans fes griffes la foudre de Jupiter & le globe du monde :
le tout porté fur un trophée d'armes *f*. Qui reconnoîtroit Claude à
ce portrait ? Les femmes célebres, n'importe dans quel genre, jouif-
foient des mêmes prérogatives que les héros. Un monument antique
nous a tranfmis l'apothéofe de Fauftine *g*. Cette époufe de Marc-
Aurele qui le déshonora par fes débauches (**), y eft portée au Ciel

(*) L'illufion qu'on faifoit au Peuple Romain au fujet des apothéofes, confiftoit à élever en l'honneur du h ros qu'on vouloit déifier, un catafalque pyramidal, plein de matieres combuftibles & d'aromates. Au haut de l'édifice on attachoit intérieurement un aigle,
fi c'étoit pour la confécration d'un Empereur, ou un paon fi c'étoit pour celle d'une Im-
pératrice. Après plufieurs cérémonies & jeux funebres, les Magiftrats mettoient le feu au
catafalque. Dès que la flamme avoit brûlé le ruban qui enchaînoit l'aigle, on le voyoit
s'échapper dans les airs parmi les tourbillons de fumée, & porter aux Cieux, à ce que
l'on faifoit accroire au Peuple, l'ame de celui qu'on divinifoit : les plus imbécilles croyoient
même que l'aigle étoit l'ame du défunt. Depuis ce jour le prétendu héros jouiffoit des honneurs de l'apothéofe ; fouvent le fanatifme public lui accordoit des temples, des autels,
des prêtres, des facrifices, & lui prodiguoit les hommages qu'on ne doit rendre qu'aux
Dieux.

(**) Jules Capitolin rapporte que Fauftine ayant pris une violente paffion pour un glafur les ailes de l'Hymen *h*, foutenu par des tourbillons de fumée qui s'élevent d'un autel *i*.

ADDITION.

PLANCHE VII.

LA courte addition que nous plaçons ici pour completter ce Cahier, renferme divers objets appartenans au Coftume des Grecs & des Romains, que nous n'avons pu inférer dans le corps de l'Ouvrage, parce qu'ils nous font parvenus trop tard. On y trouve plufieurs coëffures militaires différentes de celles que nous avons vues; un morion antique avec la vifiere en forme de mafque *a* que les Militaires hauffoient & baiffoient à volonté; un cafque à la maniere des tiares parthes *b*; un autre armé de cornes de bouc, à la façon des Theffaliens *c*, & un bonnet de fer *d* couvert de peaux de bêtes. Ces armures, extraites de la caftramétation de Duchoul, antiquaire du dernier fiecle, ne furent ufitées ni chez les Grecs, ni chez les Romains, qu'après qu'ils les eurent empruntées de leurs ennemis. Les apex des Flamines de Mars *e* & de Jupiter *f*, l'ancille d'un Salien *g*, y font affociés avec la demi-figure d'un jeune Hétrufque *h*, apprentif prêtre & arufpice; il eft coëffé d'un voile, tient un glaive avec le bâton augural d'une main, & de l'autre qu'on trouva féparée du corps, une patere *k*. Dans le caveau du palais de Neron, d'où ces objets furent

---

diateur, & l'ayant avoué à fon mari, ce Prince par le confeil des Chaldéens, lui ordonna de fe laver dans le fang de l'athlette qu'il avoit fait mourir. Fauftine par ce remede fut délivrée, & évita la répudiation que les amis de l'Empereur lui confeilloient; mais la même nuit elle conçut Commode qui eut toutes les inclinations d'un gladiateur, mettant fon plaifir à fe trouver à leurs combats, & faifant confifter fa gloire à tuer adroitement des lions, des tigres, des léopards & d'autres bêtes féroces. Sa mere Antonia tourna fon imbécillité en proverbe, encore adopté de nos jours.

tirés, on déterra des têtes de victimes très bien conservées *l* ; plufieurs de ces torches nuptiales *m , m* que les Romains faifoient porter devant la mariée , enfemble un de ces colliers *n, o* qu'avoit le Galle (*), facrificateur dans les cérémonies folemnelles , & dont la Prétreffe officiante dans les fêtes de Cybele avoit auffi droit de fe parer ; les affiftantes ne portant pour tout collier que le bufte de quelque Divinité , fufpendu devant la poitrine. Nous en allons bientôt voir l'exemple.

P L A N C H E V I I I.

A la fuite de ces raretés, on en expofe d'autres qui ne font pas moins variées. D'abord paroît la portion votive du bœuf Apis *a* que l'Egypte lui confacra après l'impiété de Cambife (**). A droite eft une hâche fort ornée *b* qu'on portoit devant les victimes dans les facrifices à Jupiter Olympien : elle ne fervoit qu'à défigner l'immolation , l'oracle ayant défendu qu'elle fût jamais teinte du fang d'aucun animal. A gauche font les trépieds d'un acerre & d'une caffolette *c, d, e.* On voit au - deffous un entonnoir pour les libations offertes à Diane *f* ; un griffon que les Peuples de la Thrace avoient confacré à l'autel des Harpies par l'ordre de Junon *g.* Plus un cefte de gladiateur deftiné pour fon laraire *h,* une cuilliér pour l'encens *i,* le manche d'un couteau de facrifice du temple d'Apollon *k,* avec une de fes

---

(*) Les Galles étoient des Prêtres de Cybele, qui tous les mois alloient de ville en ville difant la bonne avanture , & mettant à contribution les imbéciles qui les confultoient. Ils portoient avec eux des fonnettes, par le moyen defquelles affemblant le Peuple , ils favoient par des tours de foupleffe exciter fa libéralité.

(**) Herodote fait mention , qu'après les revers qu'effuya Cambife dans fon entreprife contre les Ethiopiens , étant revenu à Menphis , & voyant la ville dans l'allégreffe , il crut qu'on fe réjouiffoit de fes mauvais fuccès. Les Magiftrats & les Prêtres le défabuferent en lui difant que c'étoit parce qu'ils avoient trouvé leur Dieu Apis, qu'ils fe livroient ainfi à la joie. Cambife voulut connoitre cette Divinité ; mais n'ayant vu qu'un bœuf à la place d'un Dieu, il entra en fureur, tira fon poignard , l'enfonça dans la cuiffe de l'animal ; & après avoir reproché aux Prêtres leur ftupidité, il les fit cruellement fuftiger. Apis fut reporté au temple où il expira bientôt. Quelque tems après, Cambife montant à cheval , & fon épée étant tombée du fourreau , il fe fit à la cuiffe une bleffure dont il mourut. Les Egyptiens attribuerent cet accident à la colere du Ciel qui puniffoit ainfi l'impiété du Roi de Perfe.

brafieres *l*, plufieurs de fes coupres *m*, & la petite clef du tréfor de fon fanctuaire *n*. A côté fe trouve la douairiere des Prêtreffes de Cybele *o*, que nous venons d'annoncer. C'eft à titre d'affiftante qu'elle porte devant la poitrine le bufte de Saturne *p*, époux de la Divinité qu'elle fert.

PLANCHE IX.

UNE tête de pleureufe à gages vue de deux côtés, forme ici le bouchon d'une urne cinéraire *a*, *b*. L'un des deux griffons *c* a fans doute décoré la face de quelque tombeau des Romains : la louve *d* l'indique. A l'égard de l'autre *e*, comme on fait que les Grecs avoient ces monftres en vénération, on conjecture qu'il a pu être employé dans l'Architecture de quelque temple de la Grece. La tête coëffée de lauriers & de tours *f*, eft l'enfeigne d'une ville victorieufe. Tout le monde connoît la vache *g* de Myron d'Eleutere ; & la louve (*) *h*, dépofée dans les falles du Capitole. Mais les feuls connoiffeurs favent que ce font-là deux chefs-d'œuvres des Anciens dans la partie des animaux, que des gens prévenus leur ont voulu quelquefois difputer. Injuftice d'autant plus mal concertée, qu'elle eft contredite par quantité de monumens : les chevaux de Monte-Cavallo, celui de Marc-Aurele, le taureau Farnefe, le fanglier & le Centaure antiques, le chevreuil du jeune faune, le chien qu'on voyoit au temple de Junon (**) ; & mille autres animaux fculptés dans les facrifices, les combats, les chaffes, dont les bas reliefs antiques font remplis.

PLANCHE X.

DANS cette feuille il n'eft aucun monument dont nous n'ayions

---

(*) Le Traducteur d'André Palladio prétend que ce bronze, long-tems dépofé au Capitole, eft actuellement au palais des Confervateurs.

(**) Cet ouvrage repréfentoit un chien qui lechoit une plaie. Il étoit d'une fi grande beauté, dit Paufanias, qu'aucune fomme d'argent ne pouvant en répondre, les gardiens du temple en étoient chargés fur leur tête par arrêt du peuple.

pris connoiſſance à l'article des funérailles , ſi l'on excepte l'ancien tombeau de Rachel *a*. Ceux-ci néanmoins ont la plupart quelque choſe de particulier. On peut remarquer au pilaſtre *b* , le buſte du jeune Pallas , conſacré aux Dieux Manes par Évandre ſon pere, & la riche ſimplicité de ſon urne cinéraire *c*. A la double colonne élevée en l'honneur d'Achile & de Patrocle *d*, les canelures de ſon gorgerin & de l'autre extrêmité du fuſt ; à la fiole lacrimatoire *e* , l'inſcription qui caractériſe d'une maniere ſi intéreſſante la tendreſſe de Cornélie pour Pompée. Les petites urnes ſépulchrales , la lampe mutilée *f*, *g*, & le vaſe funéraire Egyptien *h* , n'ont rien qui les diſtingue de ceux que nous avons déjà vus.

P L A N C H E X I.

Ce trophée *a* eſt un des plus riches qui nous ſoient connus. On prétend que les Carthaginois le firent ériger en l'honneur d'Annibal, après la bataille de Cannes. Il eſt fait des dépouilles enlevées aux Romains. Le bouclier de Paul-Emile *b* , l'urne *c* que le Général ennemi remplit d'anneaux de leurs Chevaliers , les faiſceaux *d* , &c. confirment cette conjecture, ou du moins la rendent vraiſemblable. Quand les Grecs bâtirent la ville d'Alexandrie , ils prirent tant de goût pour les uſages Egyptiens , qu'à leur retour ils offroient indifféremment des *ex voto* à Eſculape *e* & au Dieu Apis *f*. Ce pied chauſſé à la Grecque *g* eſt un de leurs vœux. On ne négligea pas pour cela la belle architecture ; car on conſtruiſit dans ce tems un tombeau , dont les ſiecles nous ont tranſmis quelques fragmens grouppés ici avec un cimeterre *h* , qui , tout mutilés qu'ils ſont , donnent une juſte idée du bon goût de leurs auteurs. La portion briſée du grand bouclier *i* , eſt d'un ſtyle ſi relatif au morceau d'architecture , que , ſuivant toute apparence , cette arme étoit grecque. L'on auroit quelque ſujet d'être étonné du grand rapport qu'elle a avec le bouclier de Paul-Emile *b* , placé au trophée *a* , ſi l'on ne ſavoit que les Artiſtes de la Grece & de l'Italie ſe ſont réciproquement imités. Ce lion en bronze *k* , qu'Alexandre fit tranſporter d'Egypte , ornoit une des fontaines de ſes bains. On croit que le poids *l* qui eſt au-deſſus appartenoit aux Hébraïques.

PLANCHE XII.

LE charriot *a* que nous préfentons ici, a confervé la premiere forme de ces fortes de voitures, qui originairement reffembloient à nos tomberaux. C'étoient des efpeces de chars (*) uniformes & groffiers, montés fur deux roues de chêne *b*, *c*, que foutenoient de forts effieux de fer : un timon placé par devant *d* fervoit à l'attelage des chevaux pour traîner cette lourde maffe formée de madriers quarrément affemblés *e*, *f*, *g*. Dans des tems, les Romains, au lieu de timon, y mirent un brancard, & les faifoient porter par des mulets comme nos litieres ; c'étoit la voiture de plufieurs Citoyens dans leurs voyages, & celle d'Adrien dans Rome. D'autres Peuples y ont mis jufqu'à fix roues, parce qu'ils faifoient de ces

---

(*) Ces voitures groffieres furent les premiers modeles des chars de triomphe les plus élégans. On ne fit d'abord ceux-ci que plus légers, & d'un gabarit moins commun. On les enjoliva enfuite, fans néanmoins rien changer à leur conftruction. Les deux roues de chêne furent confervées ; mais on les couvrit de lames d'argent. Les timons & les brancards furent enrichis d'ornemens en bronze ; l'attelage refta long-tems très-fimple : deux beaux courfiers y fuffifoient. Mais la magnificence que le luxe infpira aux Grecs & aux Romains, leur ayant fuggéré de perfectionner le goût qu'ils commençoient de prendre pour les voitures diftinguées, ils augmenterent bientôt le nombre des chevaux, décorerent de peintures & embellirent d'or, d'argent & d'yvoire le fapin ont le corps du charriot étoit compofé. C'eft ainfi que des tomberaux furent infenfiblement métamorphofés en chars de triomphe. Tels, fuivant l'opinion vulgaire *, certains uftenfiles de cuifine ont donné la premiere idée des chefs-d'œuvres d'horlogerie, que depuis long-tems Paris, Londre & Geneve font admirer dans tout l'Univers ; ou telles, au rapport des Hiftoriens de l'Architecture, & notamment d'un gentilhomme Napolitain qui vient de traiter cette matiere, les premieres cavernes, les antres & les cabanes des Grecs & des Romains ont, pour ainfi dire, donné naiffance à leurs temples & à leurs édifices les plus fomptueux. Voici comment s'exprime le gentilhomme Napolitain : *Dagli antri dumque è daile grotte è ufcita l'Architectura ; è dalle capanne pian piano fi è elevata, ed è junta al tempio di Diana in Efeffe è à S. Pietro ;* c'eft donc du creux des antres & des grottes que l'Architecture eft fortie ; & s'élevant peu à peu du fond des cabanes, elle eft parvenue au temple de Diane d'Ephefe, & à S. Pierre de Rome.

* L'opinion vulgaire eft fondée fur ce que Huygens, Mathématicien Hollandois, & tous les prétendus inventeurs des montres & des pendules, n'ont produit leurs inventions que dans l'intervalle de 1649, jufqu'en 1670 ; & que dès l'année 1580 on connoiffoit l'ufage de ces machines à roues engrainées les unes dans les autres, qui par le moyen des cordes & d'un contrepoids, telles que les anciennes pendules, font mouvoir les roues tant que le contrepoids peut defcendre. Voyez Dom Jacques Alexandre, Bénédictin de Saint Maur, & Richelet.

voitures des maifons mobiles pour toute leur famille : la grandeur
du long charriot exigeoit qu'il eût plufieurs points d'appui pour fe
mouvoir folidement. A l'égard de celui-ci qui n'eft deftiné qu'à tranfporter le gros bagage ; familles, meubles de foldats *i*, *k*, enfeignes,
armes des légions *l*, tonneaux *m*, caiffes *n*, ballots remplis d'armures,
d'uftenfiles, de provifions néceffaires à une armée, il n'avoit befoin
que d'une force, d'une confiftance convenables pour fupppiter de
lourds fardeaux, & pour réfifter aux fecouffes, aux cahotages
qu'on effuie dans les routes. Tout fimple qu'il eft, l'afpect en paroît
intéreffant par le caractere des objets dont il eft chargé, & qui rappellent au fpectateur les nobles exercices de la guerre.

Ici finit le Coftume des Grecs & des Romains qui forme la premiere Partie de l'Ouvrage.

Fin du quinzieme Cahier & de la premiere Partie.

.A.
.B.
.F.
.G.
.E.
.D.
.C.
.K.
.H.
.I.
.F.
.C.

.A.
.B.

K.
F.
D.
C.
B.
E.
G.
I.
H.
A.
O.
N.
Q.
P.
L.
M.

G.
F.
E.
A.
D.
D.
C.
B.
I.

I.
.B.
.A.
.F.
DE
GALLIA,
AEGYPTO,
PONTO,
AFRICA,
HISPANIA.
.K.
VENI, VIDI
VICI.
.H.
.D.
E.
.E.
.G.
.C.
.C.

A.
C.
D. B.
G.
H.
E.
F.
I.

.C.
.B.
.A.
.F.
.E.
.D.
.G.
.H.
.L.
.L.
.I.
.N.
.M.
.K.
.O.
.M.

15.º C.ᵒʳ
P.ᵗ VIII.
E.
D.
C.
F.
O.
P.
A.
B.
G.
H.
I.
K.
L.
M.
N.

A.
B.
C.
D.
E.
F.
G.
H.

3.e Cer.
.C.
Pl. X.
.A.
.D.
D.MAN.
EVAN.
.B.
D.M. M.
ACH IPAT
.G.
.F.
.H.
C. P.
AMOR
.F.

.A.
.D.
.E.
.B.
.C.
.F.
.L.
.G.
.K.
.I.
.H.

S.P.Q.R
.L.
.I.
.K.
.H.
.A.
.E.
.F.
.G.
.C.
.B.
.N.
.D.
.O.
A
D
R

9 782329 558691